功利主義とは何か

UTILITARIANISM:
A Very Short Introduction

功利主義とは何か

カタジナ・デ・ラザリ=ラデク
ピーター・シンガー
森村 進　森村たまき【訳】

岩波書店

UTILITARIANISM: A Very Short Introduction
by Katarzyna de Lazari-Radek and Peter Singer

Originally published in English in 2017 by Oxford University Press, Oxford.

This Japanese edition published 2018
by Iwanami Shoten, Publishers, Tokyo
by arrangement with Oxford University Press, Oxford.

凡例

［　］内は訳注。〈　〉は固有名詞でない原語の最初が大文字で始まる場合に用いた。
イタリックによる強調は多くの場合ゴシック体で表した。

序文

なぜ法はその保護を、感覚あるあらゆる存在に対して与えてはならないのだろうか？　人間が法の保護を、呼吸するあらゆる者に拡げる時が来るだろう。われわれは奴隷の状態に注意することによってそれを始めた。われわれは自分たちの労働を助け自分たちに必要なものを与えるすべての動物の状態を改善させることでそれを終わらせるだろう。

ジェレミー・ベンサム『刑法原理』

ある人を破滅させるためには、その人の〈趣味〉への単なる嫌悪よりもよい理由が確かに必要だ——その嫌悪がいかに強いとしても。

ジェレミー・ベンサム　同性愛者の処罰に反対して

両性間における現在の社会関係を規制している原理——女性の男性への法的隷属——はそれ自体として不正なだけでなく、今や人類の進歩への重大な障害物の一つになっている。……それは一方への権力や特権を認めず、他方に無権能を認めない、完全な平等の原理によってとって代わられるべきだ。

いかなる条件の下であれ、またいかなる限界の内であれ、男性が選挙権を持つところで、それを同じ条件で女性にも認めないことには何の正当化もない。

ジョン・スチュアート・ミル『女性の隷属』

功利主義の鍵となる特徴は、その提唱者たちが、彼らの見解の理論的基礎を発展させることに自らを限定せず、幸福の促進と苦しみの解消のために実践的変化をもたらそうと努力してきたということにある。彼らはほとんどの人々が人間存在の自然で不可避の条件として受け入れてきた実践を批判した。これらの挑戦は目覚ましい成功を収めてきた。

動物を虐待から保護する法律がなかった時代に、ベンサムは動物のための権利を提唱し、その後ミルも彼に続いた。今日ではほとんどすべての社会がそうした法律を持っている。ベンサムはまた、囚人の悲惨な状況の改革や貧民救済制度の改善も提唱した。功利主義者は財産による制限の撤廃、女性への拡張による、選挙権の拡大を提唱した。彼らは女性の権利を認めるためのキャンペーンを行ったが、その中には既婚女性が財産を所有する権利や、大学に入学する権利が含まれる。生活のこれらの領域すべてにおいて、われわれは功利主義者が求めた線に沿って自らの態度と実践を変えてきた。ミルは思想と表現の自由の強力な提唱者であって、諸個人が他の人々に害を加えない限り彼ら自身の生き方を自由に選ぶことを国家は認めるべきだと説いた。同性愛行為を犯罪とする法律に対するベンサムの反対は時代をはるかに先がけていた。本書の第6章で見るように、この改革精神は今日の功利主義者の中に受け継がれている。

しかし功利主義が論敵に不足することは決してなかった。カール・マルクスはベンサムを「ブルジョア的愚かさの天才」として嘲り、フリードリヒ・ニーチェは功利主義を――キリスト教と一緒に――「臆病者、小心者、弱者」のための「奴隷道徳」と嘲笑的に呼んだ。小説家では、フョードル・ドストエフスキー、チャールズ・ディケンズ、エリザベス・ギャスケル、オルダス・ハックスリーがその小説の中に功利主義への反対を盛り込んだ。最近の英国の哲学者バーナード・ウィリアムズは、功利主義への長大な攻撃を次の言葉で結んだ。「われわれがそれについて金輪際聞くことがなくなる日もそう遠くはない。」ウィリアムズがこうコメントしてから四十年以上たったが、われわれは功利主義についてたくさんのことを聞き続けている。われわれの信ずるところでは、実践的影響を持ち続ける程度においても、その長所に関する議論の活気においても、功利主義が批判者の多くより長生きしてきたのには立派な理由がある。倫理学の根本問題は「私は何をすべきか?」であり、政治哲学の根本問題は「われわれは社会として何を行うべきか?」だが、両方の問題に対して功利主義は直截な回答を与える。それは簡単に言えば、なすべきことは最善の帰結をもたらすことだ、というものだ。ここで「最善の帰結」というのは、われわれの選択によって影響を受けるあらゆる者にとって、幸福から苦しみを引いた余りが、正味で可能な限り最大になることを意味する。その回答は——少なくとも原理上——あらゆる可能な状況をカバーし、われわれのほとんどが目指す価値があると一致して考えるものを指し示す。それだからこそ、反功利主義の哲学者フィリッパ・フットがかつて指摘したように、功利主義はその正当性を信じていない人々にすらつきまとう、注目すべき習性を持っているのかもしれない。「それはまるで、それは間違いだと主張しながら、それが正しいに違いないと永遠に感じているようなものだ。」

可能な最善の生は幸福から苦しみを引いた余りが最大になる生だということを誰もが受け入れるわけではない、と認めるために、今われわれが行ったばかりの功利主義の定義をもう少し広げることができる。われわれはこのトピックに関するさまざまな見解をあとで論ずるが、前の段落中の定義を、

「最善の帰結」を単なる幸福でなくウェルビーイング[「福利」や「厚生」と訳されることがある。また第4章で出てくる「効用 utility」も同様]──この言葉が何を意味するにせよ──の可能な限りの最大化として分析することによって変更すれば、今のところは十分だ。すると功利主義は帰結主義理論というもっと大きな家族の中の一理論、あるいはより正確には、理論の一集合ということになる。この大家族の中には、「最善の帰結」をウェルビーイングについての帰結に限定しない仕方で理解する非功利主義の諸理論も含まれる。

功利主義はわれわれの道徳的思考の限界を検討するようわれわれに促し、われわれがしばしば考慮外に置く者の利益を考慮する。この思考のスタイルが時として論争を招くのは驚くべきことではない。われわれは本書により、あなたが功利主義をよりよく理解するよう期待する。──功利主義はいかにして正当化できるか、功利主義を内在的に価値あるものとするのは何か、功利主義に対する一番よくある反論(とそれらに対する最善の返答)は何か、規則が功利主義にとって果たす役割は何か、功利主義は今日の実践的な争点にいかに適用されるか、を。

謝辞

本書はオックスフォード大学出版会の Latha Menon からの依頼のおかげで存在する。われわれを信頼してくれたことについて、また本書の計画と執筆にあたっての指導について、われわれは彼女に感謝する。われわれはまた、本書の出版の過程を終始見守ってくれたことについてオックスフォード大学出版会の Jenny Nugee と SPi Global の Saraswathi Ethiraju に、図版に関する助力について Carrie Hickman に、いくつかの間違いからわれわれを救ってくれた校正の Edwin Pritchard に感謝する。

われわれは草稿を読んで有益なコメントをくれた Richard Yetter Chappell と Roger Crisp と Will MacAskill に、特に感謝する。Fara Dabhiowala は同性愛に関するベンサムの引用についての情報を提供してくれた。Joshua Greene は第2章で言及した心理学的研究について手助けしてくれた上、四つの「トロリー問題」の図を提供してくれた。Bart Schulz は執筆中の著書 *The Happiness Philosophers* の原稿の使用を許してくれ、それは第1章の執筆に非常に役立った。Piotr Makuch は第3章で快楽を表現するため彼の写真を使用することを親切にも許可してくれた。

カタジナ・デ・ラザリ゠ラデクは第3章の研究を財政面で支援してくれたポーランド国立科学センター NCN に感謝する(DEC-2013/09/B/HS1/00691)。

われわれが本書の仕事を完成させつつあった二〇一七年の初め、われわれは現代の最も卓越した哲学者の急死という悲報を受けた。その哲学者とはデレク・パーフィットである。パーフィットはわれわれ二人がそれぞれ知る最高の程度まで、哲学の真の精神——最も深い問題を理解しようという情熱、それに加えて、さまざまな領域で新しい説得的な議論を定式化する類いまれな才能——を体現していた。それらの議論の多くは功利主義、あるいはもっと広くは帰結主義を支持し、反帰結主義に批判的なものだった。われわれはそのいくつかにさまざまな点で言及する。

パーフィットは哲学の天才というだけでなく、並はずれて親切で優しい人物であり、自分の類いまれな才能をとても気前よく分け与えてくれた。パーフィットの死後、彼の同僚とかつての教え子の多くは、彼がどれほど自ら進んで、彼らの仕事について議論したり、彼らの原稿に長い詳細なコメントを書くことで彼の貴重な時間を費やしてくれたかを回想した。われわれ自身も最初の共著『宇宙の視点』を書く際に、彼から多大の恩恵を受けている。本書の原稿を読んでもらうよう彼に頼むのは、差し控えた。なぜならわれわれは、彼がその大著『重要なことについて』の第三巻を完成させるために、いつも以上猛烈に働いているのを知っていたからだ。幸いにも、この第三巻は彼の逝去時にはすでに印刷に入っていた。特にその最後の第十部は功利主義に関係するものを多く含んでいる。企画されていた第四巻は実践倫理にもっと直接関係するトピックを扱うものだったが、今や決して書かれぬままになった。それは哲学にとって、また世界にとって、巨大な損失である。本書でカバーされた諸争点に関する将来の議論もまた、パーフィットの死去によってそれだけ貧しいものになるだろう。個人的に、われわれはすでに彼の死を痛切に悲しんでいる。われわれは本書を彼に捧げる。

目次

第1章　起　源

古代の先駆者たち

功利主義の核心にある教えは、われわれは世界をできる限り最善の場所にすべきであるというものだ。その意味は、われわれの能力の限りで、われわれはあらゆる個人が可能な限り最高のウェルビーイングの状態にある世界をもたらすべきであるということだ。これは単なる常識にすぎないように思われるかもしれないが、しばしば伝統的道徳と対立する。ほとんどのコミュニティは、規則に従った結果が世界を改善するか悪化させるかにかかわらず、従うべき規則を指令している。各人が行動するたびに、可能な選択肢の中でどれが最善の帰結をもたらすかを評価しようと試みるよりも、規則に従う方がはるかに容易だ。それにもかかわらず、中心となる功利主義の洞察はとても単純で魅力的なので、異なった時代と場所に生きた思想家たちがそれぞれ独立にそこに至ったのは驚くべきことではない。

紀元前四九〇年から四〇三年まで、〈戦国時代〉として知られる時代に生きた中国の哲学者墨子［墨子は紀元前五世紀後半に活躍したが、一般に生没年不明とされる］は、功利主義に近いものを提唱したことが記録されている最初の人物であるようだ。当時の支配的倫理は儒教で、それは倫理を人の役割と関係に焦点を当てるものとみなし、人の義務を伝統的な慣習に基づくものとした。この見解に対して、墨子は今日の哲学者におなじみの議論の方法を用いた。彼は反論例となる物語を語るのだ。墨子は第一子を殺して食べる慣習がある部族を想像する。彼の論点は、慣習はそれ自体を正当化するものではないということだ。われわれは慣習を評価する基準を必要とする。そして墨子の提唱するところでは、その基準とは、その慣習は害悪よりも大きな恩恵をもたらすのか？というものだ。さらに害悪の評価にあたって、われわれと特別の関係にある人々への害悪だけに目を向けるべきではない、と墨子は言う。他の人々へのわれわれの配慮は普遍的であるべきだ、と彼は説く。墨子は実際的な人物で、当時一般的だった侵略戦争を非難するだけでは満足せず、よりよい防衛戦術を考案し、都市の防衛を改善して攻撃に抵抗できるようにすることで、軍事的侵略を抑止しようとした。

墨子はインドの思想家ゴータマとほぼ同時代に生きた。ゴータマはブッダとして、より知られている。仏教の思想は功利主義的な傾向を持つ。というのは、それは感覚を持つあらゆる存在への共感を涵養することによって、苦しみ――自分自身と他の人々の苦しみ――を減少させるよう信徒たちに説くからだ。それから一世紀後、ギリシアではエピクロスが、快楽と苦痛が何が善か悪かの適切な基準だと主張することによって、後の功利主義者のさきがけとなった。

初期の功利主義者たち

ヨーロッパでは、われわれは全体の善を正しい行為の基準とすべきだという考えが十八世紀に一般的になった。そう提唱した最初の人々の一人はピーターバラの主教リチャード・カンバーランド（一六三一―一七一八)で、その主著『自然の法について』はトマス・ホッブズの利己主義に反対して、「それ自身の性質において人々の幸福に寄与しない」ようないかなる行為も道徳的に善ではありえない、と主張した。シャフツベリ卿(第三代シャフツベリ伯アンソニー・アシュレイ・クーパー、一六七一―一七一三)の『人間・風習・意見・時代の諸特徴』は一七一一年に出版された後きわめて広く読まれたが、そこにおいて善の最高の形態は、「普遍的な善を研究すること、そしてわれわれの能力の限りで世界全体の利益を促進すること」だと主張された。「最大多数の最大幸福」というフレーズが最初に現われたのは、一七二六年に出版されたフランシス・ハチスンの『美と徳の観念の起源』の中である。十八世紀中葉には、同じような表現をスイス系フランス人の啓蒙哲学者クロード・アドリアン・エルヴェティウスとイタリアの法学者チェザーレ・ベッカーリアが用いた。ジェレミー・ベンサム(一七四八―一八三二)はベッカーリアを読み、功利主義を要約するキャッチフレーズとして「最大多数の最大幸福」を使用した。ベンサムはユニテリアンの牧師ジョゼフ・プリーストリー(一七三三―一八〇四)のパンフレットをたまたま読む機会があり、また、スコットランドの哲学者デイヴィッド・ヒューム(一七一一―七六)からも影響を受けたと述べている。われわれが何を徳とみなすかはその効用によって決定される、とヒュームが『人間本性論』の中で論証しているのを読み、ベンサムは「目からうろこが落ちたように感じた」と言う。

ベンサムは功利主義の発展に中心的な役割を果たしたが、功利主義の見解を最初に広く知らしめた著作は一七八五年に出版されたウィリアム・ペイリーの『道徳・政治哲学』である。牧師であったペイリーは、神はわれわれが万人の幸福を促進することを望んでおり、われわれは神の意志に従うべきだと論じた。非宗教的な功利主義の著作の中では、一七九三年に出版されたウィリアム・ゴドウィンの『政治的正義に関する研究』も、長らくベンサムの著作より著名だった。

創始者：ベンサム

体系的倫理学として、また社会改良の基盤としての功利主義創設の父であるベンサムは、天才児だった(図1を参照)。父親は彼を十二歳でオックスフォードに送り法律を学ばせた。しかし法実務に進む代わりに、彼はロンドンに戻り法律改革の方法について執筆を開始した。彼は自らを隠遁者と呼んだが、彼にはその思想を議論し合う友人たちがいた。その中にはリベラルな政治家で短期間ながら宰相の職にあったシェルバーン伯爵、そしてジョン・スチュアート・ミルの父親であるジェームズ・ミルがいた。ベンサムはまた、ヨーロッパからロシアまで、ポチョムキン公の行政官として働いていた兄の許を訪問するため、幅広く旅行もした。

一七七六年に「最大多数の最大幸福」という功利主義の定式を初めて用いた時から、ベンサムはこの目的の追求に専心し続けた。(この定式は、ベンサムが後に気づくように、人口の五十一パーセントをわずかに幸福にし、残りの四十九パーセントを完全に悲惨な状態にすることは功利主義者にとって正当である、と人々に誤解させる点で不幸なものだった。)ベンサムは「功利主義者」という名称を夢の中で思いついたという逸話がある。その夢の中で、彼は自分が「一つの党派の創始者となり、もちろん偉大で神聖な高貴なる人物となっていたが、その党派は**功利主義者たち** *utilitarians* と呼ばれていた」という。

一七八〇年にベンサムは『道徳および立法の諸原理序説』を完成させた。同書で彼は最も明示的に功利主義理論を体系化した。同書はその後九年間出版されなかったが、それは同書が序説をなすべき本体の書物が未完成だったためだ。これはベンサムの執筆の特徴である。彼の生前に十六冊の著作が刊行された。これは思想家としては相当な数ではあるが、しかし彼が没した際、七万二千五百枚の草稿——およそ三千六百万語——が未公刊で残されたとなると、いかにもわずかだ。二〇一六年までに、『ジェレミー・ベンサム著作集』全八十巻のうち、三十三冊が刊行された。（オンライン上の活動「ベンサム書き起こし(Transcribe Bentham)」によって、判読困難な手稿を判読できる者なら誰でもこれら草稿を読めるようになり、この解読作業によって著作集の刊行が早められた。）

ベンサムは法体系および刑務所改良の提言により国際的名声を獲得した。彼の実務的提言の中で最も著名なものの一つは「パノプティコン」だ。これは受刑者や労働者たちが、いつ監視されているかを知ることなく、監視されることが可能な刑務所と工場の設計である。今日、パノプティコンはプライヴァシーの意図的な拒否ゆえに否定的な含意を持っている。しかしベンサムは、その利点の一つは、責任者が、看守や監督者たちが自己の管理下にある者を虐待しないようにできることだと考えていた。

図１　現代功利主義の創始者
ジェレミー・ベンサム
（Chronicle/Alamy Stock Photo）

晩年の二十年間、ベンサムは理想的な法典の執筆にほとんどすべての精力を傾注し、しかる後にそれを実現しようとした。法典化に関する彼の著作はフランス語とスペイン語に翻訳され、彼の法典はリベラルなポルトガル政府によって採用される寸前まで行った。しかし反革命勢力が権力を奪回し、改革の可能性は破滅させられてしまった。ベンサムはまた、アメリカ合衆国、アルゼンチン、コロンビアの大統領と文通していた。すべて彼の著作を実現しようと希望してのことだったが、その希望が果たされることはなかった。

あまり知られていないことだが、ベンサムは人生の大半にわたって、すなわち一七七〇年代から一八二〇年代まで、性的自由を擁護して随筆や短い論文を書いていた。サミュエル・ジョンソン博士のような大いに賞賛された思想家たちが「異常な性交渉」という「邪悪」を防ぐためには、「厳格な法律が着実に執行される」べきだと述べていた時代に、ベンサムはセックスの快楽は富者と貧者に平等に享楽されうる点で異例であると指摘し、この快を最大化するためには、「盲目なる偏見」によって課された制約は解除されるべきだと主張した。性的嗜好の差異は、それが危害を生じることが証明されない限り処罰されるべきではないし、そのような証明は存在しない。さまざまな著作で、同性愛行為を犯罪とするあらゆる伝統的な議論を、ベンサムは体系的に論駁している。彼はこうした著作を一切公刊しようとはせず、死後、いつの日かその刊行が可能となる時を待ち望んだ。性に関する西洋の考えが彼の思想に追いつくまでにどれほど時間がかかったか——一世紀半である——を知ったら、彼は驚いたことだろう。

わずか二十一歳の時、ベンサムは自分の遺体を解剖に付すべしとする遺言を執筆した。医学の進歩に伴い、研究に用いうる遺体の数は恒常的に不足していた。しかし当時、死刑執行された犯罪者の遺体を用いる以外、解剖は違法だった。その後、ベンサムは我が遺体は解剖の後、「オートイコン」になされるべしと決意し、その保存と展示のための指示書を残した。今でもユニヴァーシティ・カレッジ・ロンドンに、ベンサムを訪れることができる。彼の服を着た彼の骸骨は、蠟製の頭部を戴いて正面ガラス張りの木製陳列ケースに収められ、公開されている。頭部が蠟製なのは保存に失敗したためだ。ベンサムの遺言では、彼の遺体を収めたケースは「道徳および立法の最大幸福体系の創始者を記念する目的で」友人や支援者たちが会合する際に持ち出してはどうかと提案されていた。この提案に従い、本書の著者たちはジョン・スチュアート・ミルの生誕二百周年を祝賀する晩餐の際、ベンサム同席の光栄に浴した。

提唱者：ジョン・スチュアート・ミル

ジャーナリストを目指してロンドンにやってきたスコットランド人、ジェームズ・ミル(一七七三―一八三六)がベンサムに出会った時、ミルの長男、ジョン・スチュアート・ミル(一八〇六―七三)は二歳だった。ジェームズ・ミルはベンサムの友人、門弟、そして彼の思想の効果的な普及者となり、一方、彼の早熟な子はやがてベンサムの知的後継者と見なされることになる。ミル少年は一度も学校に行かず、自宅で父親による集中的な個人教授を受けた。ベンサム同様、彼はごく若くして驚くべき量の事柄を学んだ。彼の『自伝』によれば、彼は三歳で古代ギリシア語を、八歳でラテン語を読むことができたという。十五歳になるまでに、彼はほとんどの古典を原語で読了し、フランス語を理解し、歴史に広く通じ、数学、論理学、科学、経済学のかなりの理論を修了した。その後でようやく彼はベンサムの著作に触れた。ベンサムを読んで、自分は「別の人間」になったと、後に彼は記している。

「彼以前の道徳主義者たちはすべて克服され、ここに思想の新時代が始まったとの思いが、私の胸に激しく押し寄せた」と。

ミルの幼年時代、彼の父親は評論や論文の執筆でわずかな収入を得るのみで、インドにおける英国支配の歴史の執筆にほとんどの時間を傾注していた。この書物が一八一七年に刊行されて高い評価を得ると、一家の運命は大きく好転した。ジェームズ・ミルは英国がインドにおいてしたことの大半に批判的だったが、英国領インドの実質的支配者である東インド会社に役職を提示された。一八二三年には、当時十七歳だった息子を同社に雇用させることにも成功する。後世のわれわれにとって幸運だったことに、この仕事はミル青年の学びと執筆の妨げとなるほど過重なものではなかった。二十四歳の時、ミルはハリエット・テイラーと出会う。彼の思想に甚大な影響を与えることになる人物である。彼女は二歳年下だったが、彼が独身であったのに対し、彼女は既婚で子持ちだった。二人は親密になり、親密すぎてミルの友人たちが醜聞とならぬようにと警告するほどだった。彼は友人たちの警告を無視した。二十年後の一八一五年、ハリエットの夫の死後二年して、ようやく二人は結婚した(図2参照)。ハリエットは一八五八年に死去し、ミルは大いにその死を悲しんだ。翌年、彼は最大の名著『自由論』を刊行し、同書を彼女に捧げ次のように書いた。「長年執筆したすべてと同じく、「本書は私のものであると同じく、彼女のものである。」

ミルは一八四三年に出版された『論理学体系』によって、哲学者としての名声を確立し、五年後には続けて『経済学原理』を刊行した。しかしながら彼の功利主義への最大の貢献はその後になる。一八五九年に刊行された『自由論』、一八六一年に『フレイザーズ・マガジン』に当初三本の論文として連載された『功利主義』、そして一八六九年の『女性の隷従』である。

ミルがすべての著作において一貫して功利主義者であったか否かについては議論がある。『自由論』の一節には、自由がもたらすとミルが信ずる良き帰結を超えた、個々人の自由へのコミットメントが表明されているように思われる個所がある。しかしこの点に関するミルの見解はこの上なく明快だ。すなわち、「私は自説にとって、功利と独立したものとしての抽象的権利の観念から得られるいかなる利益をも排除する。私は功利をすべての道徳的問題にとって究極的訴求力を持つものとみなす。」これは「進歩的存在としての人間の永久的利益に基づく、最広義における功利でなければならない」と彼は付け加える。二年後の『功利主義』において、擁護しようとする原理を明らかにした際、彼は古典的、あるいは快楽主義的功利主義の率直な言語でそれを行った。すなわち、「行為の正当性はそれが幸福を推進するにつれて正当であり、不正はそれが幸福に反するにつれて不正である。幸福という語においては、快および苦痛の不存在が意図されている。不幸福という語においては、苦痛および快の欠乏が意図されている。」とはいえ同書においてすら、功利主義を同時代人たちの見解と調和させようとするミルの熱意は、快楽主義的功利主義への忠実さに対する疑問を提起させずにはおかない。おそらく最もよく知られた例は、第3章でより詳細に議論することになるが、功利主義が「豚にのみふさわ

図2　ジョン・スチュアート・ミルと継娘のヘレン・テイラー（Pictorial Press Ltd/Alamy Stock Photo）

しい教義」ではなく、豚が享受できる「より低い」快に優越する、哲学の「より高い」快を選ぶことを正当化しうると証明しようとする彼の試みだ。

われわれが現在当然視する改良への功利主義の推進力は、女性の平等を求めるミルの著作において、この上ないほど明らかだ。ミルはベンサム同様、「確立された慣習と一般的感覚」に基づいた直観に対してしばしば批判的であり、また、『女性の隷従』の第一章で指摘しているように、それこそが女性を従属的立場に置き続けている唯一の根拠だと主張した。この論点についてはハリエット・テイラーがミルの思想に大きく影響している。彼女は、ミル自身の言によれば、当初は一八五〇年に『ウエストミンスター・レヴュー』にミルの名前で刊行され、その後共同名義で刊行された「女性の解放」と題された評論の主たる著者だった。ハリエットは『女性の隷従』出版の十一年前に死去したが、ミルは同書に表明された多くのアイディアを、彼女とその娘ヘレン・テイラーに負うものとしている。

ミルが『女性の隷従』を執筆した頃、女性は投票できず、既婚女性は夫と独立に自分の財産や金を所有できなかった――実際、英国法によれば、既婚女性は独立した法的存在ではなかったのだ。ミルはこうした従属的状態はそれ自体不正であるばかりでなく、「人類進歩の主たる障害物の一つ」だと強力に主張した。それは「一方の権力と特権、他方の無権能を許さない完全な平等の原理に取って代わられるべき」だとミルは書いた。

下院での短い在任期間中、ミルは他のさまざまな改革と並んで、女性の平等を推進しようとした。彼は女性参政権を認めるべく一八六七年改革法の修正動議を提出したが、惨敗を喫し、彼の修正案がもたらしたはずの普通選挙権を女性が獲得するのはさらに六十年先のことになる。既婚女性が自身の財産を保有することを認めようとする彼の法改正の努力はやはり不首尾に終わったが、この分野についてはミルが議席を失ってわずか二年後に法改正となった。

学究的哲学者：ヘンリー・シジウィック

ヘンリー・シジウィック（一八三八―一九〇〇。図3参照）は一八五五年にケンブリッジ大学のトリニティカレッジに学生として入学し、生涯そこに留まった。一八七四年に、彼は最初の、そして最も重要な著書である『倫理学の諸方法』を刊行した。この主題の歴史に関するシジウィックの知識の深さは一八八六年に刊行された『英国読書人のための倫理学史概要』に明らかだ。しかし、彼の関心は倫理学に限られなかった。彼の著作には『政治経済学原理』（一八八三）、『経済学の射程と方法』（一八八五）、『政治学原理』（一八九一）がある。

こうした他分野の著作を執筆する一方で、シジウィックは生涯にわたって『諸方法』の改訂を続けた。生前に五つの版が刊行され、彼の死去の際には第六版の作業中だった。（現在標準版である第七版は、第六版の誤植を修正したもの。）シジウィックの目的は、われわれが何をなすべきかを決定する際にわれわれが用いる理由づけのさまざまな「諸方法」を明らかにし、それらを比較することだった。同書はこれらの方法を三つ論じる。すなわち、われわれは自分自身の善を目指すべきだという利己主義、帰結はどうあれ一定の規則に従うべきだとする直観主義、そして功利主義だ。

シジウィックは自分自身を、一方でイマヌエル・カントの義務の観念、および倫理の基礎となりうる「一つの根本的直観」と彼が呼ぶものの必要性に、他方でジョン・スチュアート・ミルの功利主義

図3 「倫理学についてかつて書かれた最善の書物」の著者ヘンリー・シジウィック(Wikimedia Commons/Public Domain)

に、大いに影響されたと述べている。急いで執筆され、さまざまな露骨な誤謬を犯しているとして非難されるミルの『功利主義』とは対照的に、『諸方法』は広範な論点を論じる際の入念さにおいて注目に値する。それらの論点の中には、倫理学における客観性、常識的道徳の誤り、自明な道徳的真理を判別する可能性、究極的善の本質、貧民に対するわれわれの義務、そして功利主義者は幸福の平均値の最大化を求めるべきか、それとも幸福の総量の最大化を求めるべきか、がある。ミルの著作の方が今日より広く読まれているという事実の原因は、少なくとも部分的には、『諸方法』が五百ページに及び、シジウィックの文章がミルほど流暢でないという事実に帰することができる。

ジョン・ロールズは『倫理学の諸方法』を「道徳的諸構想の体系的な比較研究を提供しようと試みた、道徳哲学における最初の真に学究的著作」だと述べた。こうした比較研究の方法は哲学研究において今やスタンダードとなったが、それはこの学問に対するシジウィックの最も重要な貢献かもしれない——とはいえ特定の問題に関する彼の具体的な見解も、現代倫理学の諸議論においていまだにきわめて重要である。二十世紀の著名な功利主義者、J・J・C・スマートは、「『諸方法』は倫理学においてこれまで書かれた最良の書」だと端的に述べている。デレク・パーフィットはその判断に同意して、プラトンの『国家』やアリストテレスの『倫理学』のようなより優れた書物は存在するが、シジウィックは先人の著作の上に立論することができたので、『諸方法』には「真理と重要な主張がより多く含まれている」と述べた。

一八六九年にシジウィックは、英国国教会の〈三十九条項〉に賛同できないという理由でトリニティカレッジのフェローシップを辞する。彼は自らの宗教的信念を証言することを要求されない身分であった講師となり、学究として研究を継続することができた。彼の誠実な行為は大学のポストにおける宗教基準に反対する運動の推進力となり、二年後に議会はそれを廃止した。シジウィックは再びフェローシップを回復する。一八八三年、彼はケンブリッジ大学で最も権威ある道徳哲学者の身分である、道徳哲学ナイトブリッジ教授に任命された。

シジウィックは正統的な宗教信者とはほど遠い人物だったが、死後の生存の可能性に強い関心を持っていた。その理由の一部は、死後における報いと罰が実践的な目的からして利己主義と功利主義との間の矛盾を克服できるからだった。シジウィックは一八八二年に設立され、現在も存続する〈心霊学研究協会〉Society for Psychical Research の初代会長となった。同協会は死者と意思疎通できると主張する人々の正しさを審査しようとするものだった。シジウィックは心を広く開き続けたが、それらの主張の真実性に満足することは一度たりともなかった。

シジウィックは、ケンブリッジ大学に初めて「婦人のための諸講義」を設け、さらにこの講義に出席する女性たちが生活できる家を借りることにより、同校に女性の入学を許可させる道を拓いた。これは女性の寄宿するニューナム・ホールの創設につながった。それはまたシジウィック三十八歳の時、数学を学びにニューナム・ホールに寄宿したエレノア・バルフォアとの結婚にもつながった。エレノアは数学に特別な才能があった。彼女はその後、ノーベル物理学賞を受賞したレイリー卿と、電気に関する論文を三本刊行した。エレノアの弟、アーサー・バルフォアはシジウィックの生徒であり、その後保守党党首となり、宰相となった。エレノアはシジウィックの心霊学現象への関心を共有したし、また女性の教育という大義を追求するため共に活動した。エレノアは一八九二年にニューナム・カレッジ(ニューナム・ホールの後身)の校長となった。二人の結婚は第一義的に、おそらくは全面的に、魂の邂逅だった。二人が子どもを持つことはなかったし、また、シジウィックのロマンティック・ラヴの対象は常に男性であったと示唆する証拠も存在する。

十九世紀の功利主義は、ベンサムの教条的提言から、シジウィックの抑制の利き洗練された哲学へと発展した。この時代を通じて、功利主義は当初の改良への熱意を失いはしたものの、政治および経済学に重要な影響を及ぼし続け、倫理学への、依然論争的ではあるが合理的なアプローチとしてしっかりと確立されるに至った。

シジウィックのトリニティカレッジでの教え子だったG・E・ムア(一八七三―一九五八)は、正当な行為とは最善の帰結をもたらすものだという師の見解を受け容れたが、しかし快あるいは幸福だけが内在的に善だということは否定して、友情や美の鑑賞を独立した価値として付け加えた。この形態の功利主義は当時、「理想的功利主義」として知られた――今日ではそれは単に帰結主義の一形態と呼ばれることだろう。しかしながら、ムアは功利主義への貢献ではなく、『倫理学原理』の中で、たとえば「善」のような道徳用語の定義に関わる別の分野であって今日「メタ倫理学」と呼ばれるものの一部と見なされる、新しい問題群に道徳哲学を向け直したその仕方において、最もよく知られている。

二十世紀の大半を通じて、新しい分野を開拓したとされる道徳哲学の領域は、功利主義とそのライヴァルたちの間の選択といった規範的問題よりはメタ倫理学においてだった。哲学者たちが規範倫理学や応用倫理学に強い関心を再び向けはじめたのは、ようやく一九七〇年代になってのことである。

第2章　正当化

ベンサムによる功利主義原理の正当化

道徳的問題では、自分の意見を表明するだけでは不十分だ。人は自分の意見を正当化すること、あるいは他者を説得してそれを受け容れてもらえることを何か言う必要がある。正当化のとるべき形式は、倫理学それ自体の性質に関する人々の見解に依存する。すなわち、道徳的判断は真か偽でありうるか、それともわれわれの態度の単なる表明として理解される方がよいのか、ということに関する見解次第だ。倫理学の第一原理の証明は困難なことで悪名高い。われわれはデカルトのように、他のすべての倫理的判断の基礎となりうる自明の第一原理を提示すべきだろうか？　これは「基礎づけ主義」として知られる方法だ。あるいはジョン・ロールズの例に従って「反省的均衡」の方法を用いるべきだろうか？　これは倫理学の原理を、それらがわれわれの道徳的判断にどれほどうまく適合するかによって正当化し、その一方で説得力ある諸原理との整合性に照らしてその判断を再考する方法だ。

ベンサムは自らの第一原理を確立するために、間接的な方法を用いた。彼は『道徳および立法の諸原理序説』において、功利原理は「何らかの直接的証明が可能だろうか？」と問い、不可能だと答える。なぜなら「他のすべてを証明するために用いられるもの自体は証明されえない。証明の鎖はどこ

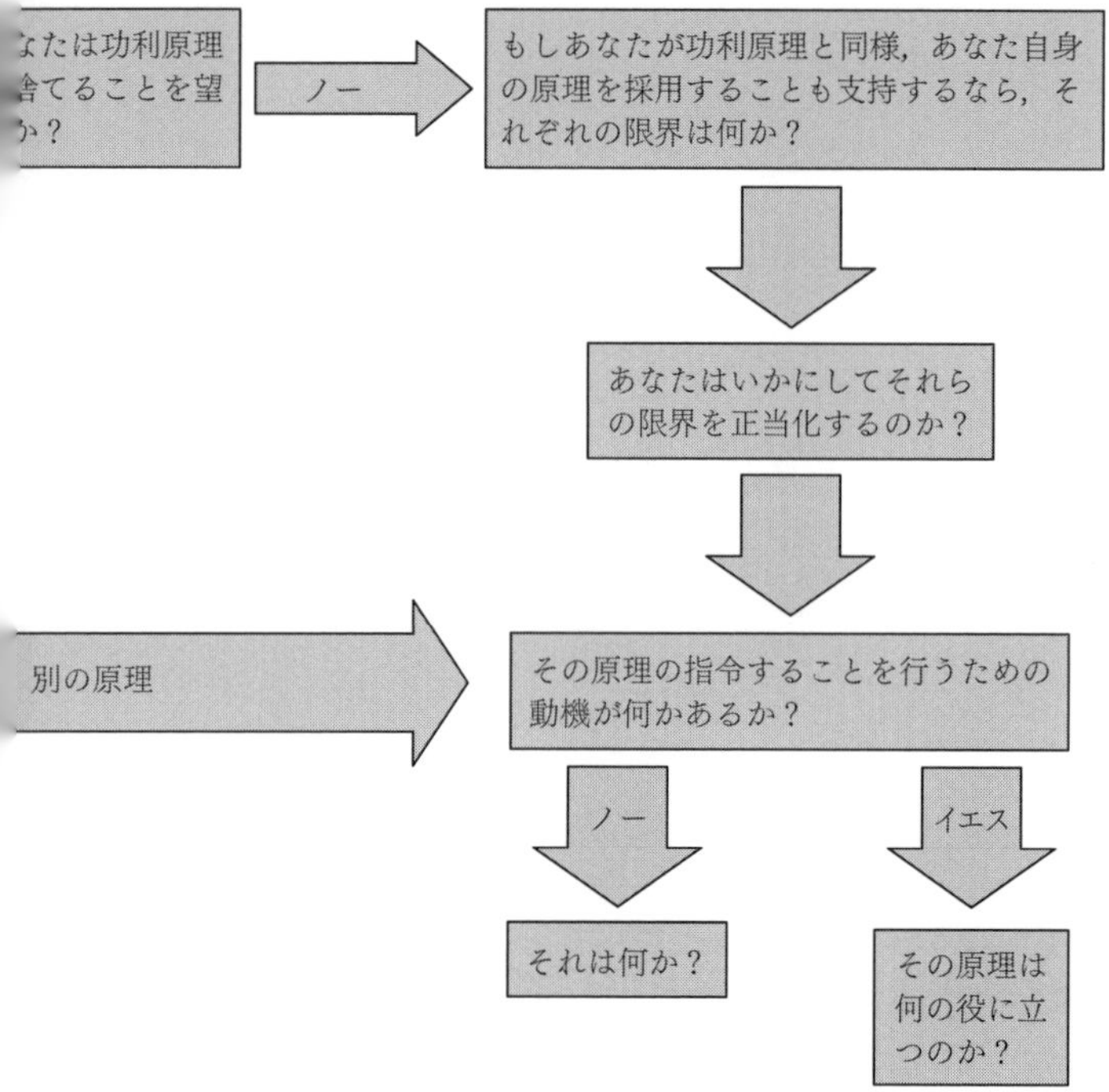

図４　ベンサムによる功利原理の正当化――単純化されたフローチャート

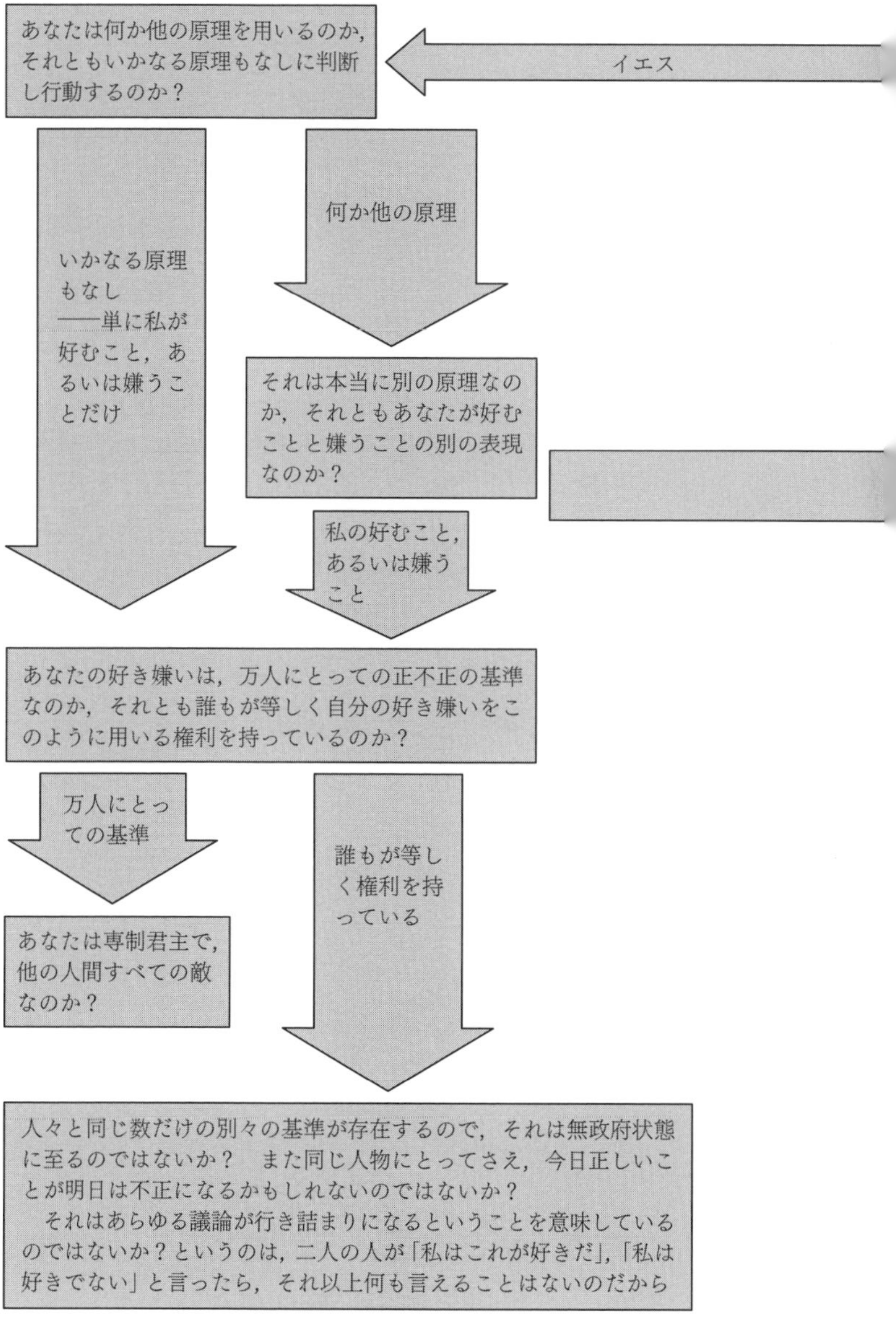
あなたは何か他の原理を用いるのか，それともいかなる原理もなしに判断し行動するのか？
イエス
いかなる原理もなし——単に私が好むこと，あるいは嫌うことだけ
何か他の原理
それは本当に別の原理なのか，それともあなたが好むことと嫌うことの別の表現なのか？
私の好むこと，あるいは嫌うこと
あなたの好き嫌いは，万人にとっての正不正の基準なのか，それとも誰もが等しく自分の好き嫌いをこのように用いる権利を持っているのか？
万人にとっての基準
あなたは専制君主で，他の人間すべての敵なのか？
誰もが等しく権利を持っている
人々と同じ数だけの別々の基準が存在するので，それは無政府状態に至るのではないか？　また同じ人物にとってさえ，今日正しいことが明日は不正になるかもしれないのではないか？
それはあらゆる議論が行き詰まりになるということを意味しているのではないか？というのは，二人の人が「私はこれが好きだ」，「私は好きでない」と言ったら，それ以上何も言えることはないのだから

かにその端緒がなければならない」からだ。ベンサムは、われわれは生まれながらにして自分自身や他者を判断する際に功利に訴える傾向があるが、混乱と非一貫性によって功利原理に「魅力を感じないようになってしまう」と信じていた。そうなってしまった人々に、選択肢のついた一連の問いを考えてみるようにとベンサムは誘いかける。すると各々の選択はさらなる問いを導き出す。この一連の過程は、功利原理以外の原理はすべて受け容れられない含意を持つ、という結論にわれわれを導くよう意図されている。ベンサムが仮想敵を誘導した分岐路は、フローチャートで単純化して表される(図4参照)。

ベンサムのこの主張の説明方法はごく凝縮されたものだ——それぞれが一冊の書物の主題となりうるいくつかの可能な立場を論駁するために、一ページも要していない。フローチャートの左側を見ると、われわれの好き嫌い——ベンサムによれば「感情(sentiment)」——が正不正の判断の唯一可能な根拠だと言う者がいる。(後で見るように、二十世紀のオーストラリアの哲学者、J・J・C・スマートはそう考えた。功利主義者であるにもかかわらず。)主観主義は無政府状態に至るというベンサムの主張に反対する者もいるだろう。それは人々が意見の不一致の解決に、暴力に訴えるより平和的手段を優先するかどうかにかかっている。もしそうなら、共通目的を達成するため民主的な政治体制を開始することに、人々は全員同意するかもしれない。

しかし、最も重大な問題はチャートの右側にある。功利原理を全面的に放棄したがる哲学者はほとんどいないだろう。しかし多くは、功利原理は絶対的規則——たとえば、無辜の人物を殺すことは常に不正である——によって排斥されると考えるだろう。もしそうした規則の集合が擁護可能なら、功利原理はどれだけ制約されうるかというベンサムの問いかけに回答できることになる。あるいは、正義や正直さや人間の尊厳の尊重は、何らかの仕方で功利と衡量されねばならない独立した価値だと主張することが可能になる。

最後に、チャートの右の一連の質問は、非功利主義の立場の提唱者に、それに基づいて行為することにどのような動機がありうるかと問いかけることによって終了する。しかしここでベンサムはガラスの温室の中で石を投げている。彼の『序説』の冒頭の文章は、「自然は人間を二つの絶対的主人、すなわち**苦痛**と**快**の下に置いた。ひとえにこの両者が、われわれが何をすべきかを指摘し、われわれが何をするであろうかを決定する」という。この文章の最も自然な読み方は、われわれの行為を動機づけるのは**われわれ自身の**苦痛と快である、ということだ。なぜなら、誰もがすべての者のための苦痛を軽減し、快を増大しようという動機に常に従っていると主張するのは、もっともらしくないからだ。したがって、もしベンサムが非功利主義原理は動機づけをもたらすか否かと問うならば、その問いかけは彼自身に返ってくることになる。すなわち、なぜ功利原理は、自らの快と苦痛しか気にかけない人々に動機づけをもたらすのか？　これから見るように、功利原理を正当化しようとしたジョン・スチュアート・ミルの試みは、同じ問題をより明示的に提示することになる。

ミルの証明

ミルの『功利主義』は、今日の哲学の授業で二番目に多く推薦されるテクストであり（もっと多く推薦されるのは、アリストテレスの『倫理学』だけだ）、功利主義のために提供されたすべての正当化の中で、疑問の余地なくミルの正当化が最も広く議論されている。しかしだからといってそれが最善だとは言えない。

『功利主義』の冒頭で、ミルは何が正で何が不正かを判断するのに、どのような種類の方法論がありうるかを説明する。ミルは次のように説明する。直観主義学派に属する者は、「自然的能力、すなわち感覚や本能」の存在を信じており、それによってわれわれは直ちに、自明の真理として、どの道徳原理が受容されるべきかを知ることができるとされる。ミル自身はこれに対抗する帰納主義学派に属する。その主張によれば、われわれは観察と経験から正不正を学ぶのである。この選択が、彼が功利主義を正当化しようとする方法に影響を与えている。

ミルはベンサムに従い、究極的目的は本当の意味では証明できないと主張するが、だからといってそれを支持して言えることはないことにはならない、とする。功利主義は、われわれが唯一目的とすべきなのは幸福だと主張するのだから、われわれはなぜ幸福を究極的目的とするのかと問うことから出発すればよいのだ。目的に関する問いとは、何が望ましいかに関する問いのことだ、とミルは述べる。幸福が望ましいという、どのような証拠をわれわれは提出することができるだろうか？ ミルの答えはこうだ。「なんらかのことが望ましいということについて、提出しうる唯一の証拠は、人々が実際にそれを望んでいる、ということである。」

これは前途有望な書き出しではない。薬物依存症者はヘロインを望むが、だからといってヘロインが望ましいことにはならない。「望ましい desirable」という語は通常、「[事実として]望むことが可能である」というよりは、「望むに値する[望むべきだ。価値がある]」という意味を含意する。十九世紀の偉大な功利主義者トリオの一人、ヘンリー・シジウィックは、ミルの帰納主義的方法は誤りだと考えた。たとえば「それはせいぜいのところ、すべての者が常に快を究極的目的とすると言うだけだ。……誰もがそうすべきだと言うことはできない。」G・E・ムアは二十世紀初頭に、ミルが「［実際に］望まれていること what is desired」から「善」を引き出したことを「自然主義の誤謬」——ごく簡単に言うと、事実から価値を引き出す誤謬——批判論の主たるターゲットにしたが、この批判はきわめて影響力が強い。

ミルはさらに続けて言う。

なぜ全体の幸福が望ましいかについては、達成できると信じている限り、事実、誰もが自分自身の幸福を望んでいるという以外に、理由をあげられない。けれども、これは事実だから、われわれは、幸福が善であること、つまり、各人の幸福はその人にとって善であり、したがって、全体の幸福 general happiness はすべての人の総体にとって善であるということについて、事情の許す限りの証拠を持っているばかりでなく、要求できるすべての証拠を持っているのである。

ここでもミルの根拠は疑わしい。私が自分の幸福を望むという事実は、私が全体の幸福を望むということを意味しない。もしかすると私は意地悪な性格で、他人を惨めな気持ちにすることを楽しむかもしれない。あるいは私は他人の幸福になど完全に無関心な利己主義的快楽主義者なので、私は万人全部の幸福を大きく増加させるより、私自身の幸福をわずかに増加させる方を好むかもしれない。もし多くの人々がこうだとするると、それでもわれわれは全体の幸福が「すべての人々の総体にとって善」と言えるだろうか？　それはわれわれがこのアイディアをどのように理解するかによる。われわれ一人一人は自分自身の幸福を望むから、われわれ一人一人は全体の幸福をも望まねばならないとミルは言っているのだろうか？　この問題に関する私信で、ミルはこの点を否定している。彼はただ、「Aの幸福が善いものだから、Bの幸福も、Cの幸福も善いものであり、その総計も善いに違いない」と主張しているにすぎない、と述べる。しかしもしミルの主張をこう解釈すべきだとすると、Aの幸福はAに**とって**善いという主張から、Aの幸福は単純に「善い」という主張に移行することは説明されていないことになる。Aが自分自身の幸福を望むという事実は、ある状態の記述である。一方、あることが「善い」ということは、規範的主張を行うことである。すでにデイヴィッド・ヒュームは、彼以前の哲学者たちが「ある is」ことに関して言明し、そこから突然、ある「べき ought」ことに関する結論を引き出しているということに気づいていた。また、そうした結論がそうした前提からどのように引き出されうるかを説明する必要があるということもヒュームは指摘した。ミルはそのような説明を何ら行わない。

ミルが『功利主義』のその後の部分で正義について論じた際、彼はベンサムが「誰もが一人として数えられ、誰も一人以上には数えられない」と述べたと引用してから、功利原理は「(種類に関して適切な考慮がなされるとして)程度において平等とみなされる一人の人間の幸福が、他人の幸福と正確に同等に尊重されるのでなければ、いかなる合理的な意義も持たない空虚な言葉にすぎない」と付け加えている。この発言は、ミルが想定している読者たちは何らかの公平性の理念を道徳に不可欠なものとして受け入れる準備があると前提されていることを意味すると解釈されてきた。ミルにとって、利己主義は道徳理論の地位に値するものではなかった。もしこの解釈が正しいなら、なぜミルが「Aの幸福はAにとって善いもので、Bの幸福はBにとって善いものだ」と、「その総計は全員にとって善いものだ」との間にギャップが存在しないと考えたかが説明できる。

今やわれわれは、なぜミルによる功利主義の正当化がこれほど広く議論されてきたかを理解できる。それは学生に哲学的議論の誤謬を見つけるよう教えるのに役立つのだ！　この一見したところの誤謬が本当の誤謬かどうかはミルの著作の研究者たちに任せることにするが、しかし可能な限り寛大な読み方をしたとしても、ミルの書き方は散漫で、その意味するところはしばしば不明確であると言わねばならない。十九世紀の偉大な功利主義者三人目のシジウィックは、先駆者二名の業績をすでに読んでいた点で有利であり、それゆえ彼と他の批判者たちがこの二人の著作に見出した諸問題のいくつかを避けることができた。

シジウィックの証明

シジウィックは彼の大著『倫理学の諸方法』の冒頭を、自分の目的は功利主義が正しいと証明することではなく、自明で客観的に真である道徳的判断ないし公理を見つけることだと読者たちに告げることで始める。しかしながら同書の巻末までに、シジウィックが功利主義を大いにもっともだと考えていることは明らかになる――とはいえ、彼は利己主義をその首尾一貫したライヴァルとして排除はできなかったのだが。

シジウィックはミルとは対照的に、究極的な倫理的原理はわれわれが自明 self-evident と見なしうる理性の真理だと主張した。彼は自明という言葉で、これらの真理が他の何らかの諸原理から推論されたものでないことを意味しているのであって、これらが明白 obvious だと言っているのではない。この点で彼は哲学的直観主義者だ。典型的な直観主義者は、常識道徳は自明な道徳的直観に基づくと主張する。シジウィックは彼の大著の大半を知性、自制、善行、正義、信義、誠実、賢明さ、純粋さ、といった諸徳に対応する道徳規則を吟味することに費やしている。しかしほとんどの道徳的直観主義者と対照的に、常識道徳のこの一見したところの自明性は、その規則を個別事例に適用しようとするとき消滅する、と彼は結論づける。

たとえば常識道徳はわれわれに嘘をつくなと告げる。しかしそれは正確には何を意味するのか？ 文字通りの真実ではあっても、それを告げるとその相手が誤った方向に導かれるとわかっている事柄を、われわれは言ってもよいだろうか？ 私の友人が、彼女が入れたばかりの刺青を本当にどう思うかと私に尋ねる時、私は真実を言わねばならないのだろうか？ 自分が信じていない言葉をつぶやくよう求められる宗教儀式に参加することで、自分の家族を喜ばせようとするのは間違っているのだろうか？ 誰がクリスマスプレゼントを持ってきてくれたかについて、幼い子どもに嘘を言うことは許されるのだろうか？ あるいはもっと年長の子どもに、彼女が診断されたばかりの病気が治療可能かどうかについて嘘をつくことは許されるだろうか？ 常識道徳はわれわれに**決して**嘘をつくなとは言わない。しかし、例外に関する何らかの手引きを得られるようなかたちでその規則を洗練しようとした途端に、こうした規則の明確性や一見したところの自明性は崩壊する。「……以外の時には真実を語れ」は、そうした例外それ自体が明白で自明でなければ、自明の道徳的真理となりえない。

これはシジウィックによる常識道徳の広範な分析の一例にすぎない。その要点は、常識道徳の規則は、留保や例外をすべて付したなら、自明ではなく、より深い説明を必要とするようになる、ということだ。その深い説明とは、それらはより大きな善に向けたわれわれの活動を案内する手段である、というものだ。無論それらは完璧な案内役ではない。なぜならそれらはたとえば利己的な利益、迷信、無知といったさまざまな種類の歪曲を受けるからだ。それでもなお、最大の善をもたらすことを行うという功利主義の原理は、他のいかなる道徳理論にもない説明力を持っている。

功利主義はわれわれの常識道徳の観念を説明することができ、それゆえそれを体系化するのに役立つというこの考えは、本章の最初に言及したロールズの反省的均衡の理論とそっくりに見える。しかしロールズのモデルによれば、正しい道徳理論とはわれわれの共通的な道徳判断を最もうまく説明するものだということになるが、シジウィックは、倫理学における真理がわれわれの共通の道徳的判断によって構成されるという考えを拒絶する。彼はその代わりに、常識道徳の規則よりも高次の、より抽象的なレベルで真に自明である道徳原理を探求する。彼は自明である命題が適合しなければならない四つの条件を提唱する。

- 命題の言葉は明白かつ厳密でなければならない。
- 命題の自明性は注意深い反省によって確認されねばならない。
- 自明だとして受容された命題は相互に矛盾のないものでなければならない。

・私の保持する命題の真理性を他の同様に有能な判断者が拒否する程度において、その命題の真理性への私自身の信頼は縮減されるべきである。また、私が間違っているのではないかと疑うべき理由が、他の判断者が間違っているのではないかと疑うべき理由と同じくらい存在するならば、少なくとも一時的には、私は「中立的状態」に置かれるべきであることになる。

シジウィックはこれらの要請に適合する三つの原理を見出す。

・**正義** *Justice* はわれわれに、似通ったケースは同じように取り扱うよう要請する。あるいはシジウィックの言い方では、「われわれの誰かが自分自身にとって正しいと判断する行為が何であれ、彼は黙示的に、それは同様の状況にあるすべての似通った人々にとっても正しいと判断していることになる。」

・**思慮** *Prudence* はわれわれに、われわれは「意識ある生活のすべての部分に公平な関心」を持つべきだと告げる。すなわち、われわれは自分自身の存在のすべての瞬間に平等な配慮をすべきだ、ということである。未来は不確実だから割り引いて考えてかまわない。しかし、「未来**それ自体**は、現在より少なくも多くも考慮されるべきではない。」

・**善行** *Benevolence*［「仁愛」「博愛」といった訳語もある］は思慮と同じく、単なる一部以上の全体の善を考える。しかしこの場合、それはわれわれ自身の善ではなく、普遍的な善である。それゆえシジウィックは、善行の原理はわれわれに「他のいかなる個人の善も、公平に判断してそれがより小さいと彼が判断する場合、あるいは彼によって知りうる、あるいは達成できる可能性が低い場合を除き、自分自身の善と同様」に取り扱うことを要請する、と述べる。

この善行の原理は、シジウィックにとって功利主義の基礎である。とはいえ、この原理が快楽主義的功利主義に至るためには、快楽あるいは幸福が、そしてそれだけが、内在的に善いものであると述べる議論が依然として必要だ。シジウィックはこの問題を別に考察する。われわれは第3章でこれを論ずる。

この種の正当化はその土台と同じだけの強さしか持ちえない。土台が真であるとどうしたら知りうるのか？　シジウィックの諸条件を用いても、一部の人々にとっては自明でも、今述べた三原理と矛盾する他の公理を想像することは可能だ。シジウィックは、利己主義もまた自明に見える主張に基づきうることを否定できない、と気づいた。それはすなわち、「ある一人の個人と他の個人との区別はリアルかつ根本的である。それゆえ『私』は個人として私の存在の性質を、ある意味根本的に重要なものとみなして、それに関心を持つが、その際私は他の存在の性質には関心がない」という主張だ。シジウィックはこの主張が自分の善行の原理と両立不可能であり、それゆえ実践理性を二つの全く異なった方向に向けさせることを認識していた。彼は自分が「実践理性の二元論」と呼んだものを解決できなかったことから、道徳を合理的土台に基づかせようとする自らの試みは失敗に終わったと考えるに至った。

ハーサニィによる、無知の条件下での合理的選択からする議論

ジョン・ハーサニィ(一九二〇―二〇〇〇)は、ハンガリー生まれの経済学者・数学者である。ホロコーストを辛くも逃れた彼は、第二次大戦後、今度は共産主義政府から迫害の危険に晒された。彼はオーストリアに逃れ、その後オーストラリアを経て、やがてアメリカに定住する。一九九四年、ジョン・ナッシュとラインハルト・ゼルテンと共にノーベル賞を共同受賞した時、ゲーム理論における彼の功績が認知された。ハーサニィは決定理論における彼の知見を適用して、もし合理的利己主義者が、自分の置かれる立場がどのようなものになるかわからない社会的状況で選択するとしたら、どのような原理を選択するかを明らかにしようとした。ハーサニィは、この状況で存在する一番上から一番下までの社会的立場のどれかを獲得する平等な機会を持っていることだけがわかっているなら、人々は社会全体における平均的効用を最大化しようとするだろう、と主張した。なぜならそれが彼らの効用の期待値を最大化するからだ。ハーサニィはこの「平等な機会 equal chance」は、選択者自身が置かれた客観的な社会的・経済的状況に対してだけでなく、彼らの主観的な態度や好みにも適用されるべきだと主張した。そうすれば、彼らは他の人々の立場の効用を、実際にその立場にいる人物の態度や好みの観点から評価するだろうというのだ。

皮肉にも、ジョン・ロールズが後年「無知のヴェール」と呼ぶことになるこの社会原理選択装置は、ロールズが彼の著名な『正義論』で功利主義を**批判**した際に有名になった。ロールズは、合理的利己主義者がこうした条件下で平均的効用を最大化しようとすることを否定した。そうではなく、彼らは

平等な自由という原理と、一番暮らし向きの悪い者の立場の向上に絶対的優先順位を与える分配の原理を選択するだろう、とロールズは提案した。第4章で功利主義への反論を考察する際に、ロールズと最も暮らし向きの悪い者の優先について、さらに論ずることにする。ここではただ、無知のヴェールにおおわれた合理的利己主義者たちは平均的効用の最大化ではなく自分の二原理を選択するだろう、とロールズが『正義論』の中で論ずる個所は、同書の中で最も脆弱な個所の一つだと述べるだけにしておこう。

その後の論考でハーサニィは、不確定条件下で政策選択を行うための、彼が「絶対的に不可避な合理性基準」と呼ぶものが、イタリアの経済学者ヴィルフレド・パレートから得られた「ほぼ異論の生じようのない」最適選択のための要請と組み合わされると、「論理必然的に功利主義倫理を伴う」ことを示し、議論を明確化した。ハーサニィが彼の証明の根拠とした前提のいくつかを否定することは可能だが、彼の論考は次のことを確かに明らかにしている。――ある社会において各人が占める立場に関する不確定性が、人に公平な選択を余儀なくさせる時、自己利益の最大化に関する限られた諸前提から何らかのかたちの功利主義を導き出すことができる。

スマートの態度と感情への訴えかけ

J・J・C・スマート(一九二〇―二〇一二)はイギリス生まれの哲学者で、ハーサニィ同様、三十代前半にオーストラリアに移り住んだ。しかしハーサニィと異なり、スマートは生涯をその地で過ごした。一九六一年、彼は『功利主義倫理体系の概要』という五十ページのブックレットを刊行した。当時ほとんどの哲学者は、道徳的判断は何らかの知りうる事柄に関する言明であるとか、真か偽でありうるといった見解を拒否していた。むしろ彼らは「われわれは可能なときには他人を助けるべきである」とか、「動物に対して残虐にふるまうことは間違っている」といった言明を、態度や感情の表明とみなしていた。この見解が哲学とは理性と議論の問題だという信念と結びついた時、その含意は、究極的倫理原理を議論することは哲学の射程内にない、ということになる。スマートは、道徳的判断は単なる態度の表明にすぎないと彼自身信じていたにもかかわらず、究極的倫理原理についてそれでも何かしら哲学者として言うべきことを見出したという、まさにそのことゆえに、功利主義正当化論における自らの地位を獲得した。それゆえスマートは、道徳原理はそもそも正当化できないと考えていたとしても、人は功利主義者でありうる、ということを示したのだ。彼は倫理学における客観的真理を信ずることは古くさいと考えるから、自分自身を「現代の服を着たシジウィック」とみなす。

スマートの目的は、功利主義が真であることを明らかにするというよりはむしろ、説得力あるかたちで功利主義を述べることだった。その結果がどうなろうと「嘘を言うなかれ」のようなある一定の道徳規則に固執すべきだと考える者は、冷酷であるという告発に対して自らを弁護する必要がある、とスマートは主張する。なぜなら、道徳規則に従うか、あるいは無用の苦痛を防ぐかという選択に直面した時、彼らは規則に従うのだから。それだけでなく、いかなる道徳規則も真でも偽でもないことを受け入れるなら、非功利主義者たちは、冷酷であろうがなかろうがそれらの道徳原理は**真**だからわれわれはそれに従わなければならない、と言って、冷酷であるとの告発に対応することができなくなる。われわれの道徳原理が自分の態度や感情を表明しているならば、ある規則を遵守することが冷酷だと感じられる時、その感情はわれわれがそれを拒絶する十分な理由になる。

人々に功利主義者たれと説得するこの方法が成功するのは、功利主義者たちが自分たちの基本的態度のいくつかを共有する人々に向けて語りかけた時だけだ、ということをスマートは認識している。スマートが言うには、功利主義者は「幸福を追求し、あるいは何らかのかたち、あるいは何らかの意味での、人類全体にとって、あるいはおそらく全ての感覚を持つ存在にとってのよき帰結を追求する」性向として彼が述べる、「一般化された善行［仁愛］」の感情に訴えかけなければならない。しかしそれからスマートは、こうした感情が存在しない以上、倫理的問題に関する議論は有益なものでありうるかと疑うのである。

ヘアの普遍的指令主義

一九六六年から一九八三年までオックスフォード大学の道徳哲学講座の教授を務めたR・M・ヘア（一九一九―二〇〇二）は、道徳的判断は真か偽でありうるような言明ではないという見解を、スマートや同時代の他のほとんどの道徳哲学者たちと共有していた。しかしながら、道徳的判断は態度の表明だと主張する代わりに、彼はそれは一種の指令 prescription、すなわち命令が属する発話形態だと考えた。指令は事実の言明ではないが論理の規則に従う。「ドアをすべて閉めよ」は事実の言明ではないが、しかし「裏口のドアを開けておけ」とは矛盾する。指令は互いに矛盾しうるという事実から、それに関する思考が可能となる。

もし、矛盾を避けることが道徳についてわれわれが思考できる唯一の方法だとしたら、功利主義を支持する議論は全く不可能になってしまう。なぜなら、矛盾しない道徳理論は数多く存在するからだ。道徳的思考をさらに進めるために、ヘアはわれわれがシジウィックの正義原理ですでに出会った理念に訴えかける。もし私が、あなたは税金をごまかすべきでないと述べるなら、私があなたと同じような状況にもし置かれた時、私は自分の税金をごまかすべきではないとも主張しなければならない。私が税金をごまかす時に利益を得るのは私だが、あなたが税金をごまかす時に利益を得るのはあなたなのだから事情が違う、と私は主張できない。「私」とは個人を指す言葉だ。そして道徳的判断は個々人に関係ない普遍的属性に基づいたものでなければならない。

したがってスマート同様、ヘアは自分はシジウィックを現代化しているのだと述べることができる。ヘアにとって、このことは彼の道徳原理をわれわれの道徳的言語使用の含意として再解釈することを意味した。道徳的判断は普遍化可能でなければならない、とヘアは主張する。この考え方はよりなじみ深い〈黄金律〉、すなわち、「あなたが他者にされたいように、他者に対して行いなさい」と似通っている。ジョージ・バーナード・ショーは「他者があなたにすべきであるように、他者に対して行ってはならない。彼らの好みは同じではないかもしれない」と皮肉って、この〈黄金律〉への反論を行った。それに対するヘアの対応は、**もしわれわれが彼らの好みを共有しているならば**、普遍化可能性はわれわれに、われわれが他者にされたいように彼らに対してすることを要請する、というものだ。

ヘアによれば普遍化可能性が意味することは、道徳的言語の使用は仮説的事例を含む似通った事例すべてに関して同一の道徳的判断を私に要求する、ということだ。たとえば、特定の状況で真実を語ることが悪い帰結をもたらすとしても、それでも私はそうするべきだ、という判断に本当に私が同意できるかどうかを知るためには、私はその状況で真実を語ることによって影響を受けるであろう全ての者の立場に立ち、そして彼ら全ての生を生きていると想像しなければならない。またそのことは私に、その行為によって影響を受ける全ての人々の欲求や選好に、自分の欲求や選好に置くのと同じくらいの重みを置くことを要請する。この普遍化可能性の観点によれば、われわれが普遍的に指令できる唯一の道徳的判断は、われわれの行動によって影響される全ての者の欲求と選好を最大限に充足するものであることになる。今やこの主張はわれわれを功利主義、より具体的に言えば、選好功利主義に至らしめた。選好功利主義は幸福や快楽を最大化する代わりに、欲求や選好の充足を最大化するという点で古典的快楽主義の形態と異なる。

ヘアとスマートの両者とも、神秘的な自明の道徳的真理について語るのを回避したことを自らのアプローチの利点だと考えている。そうした神秘的な真理がなければ、功利主義が主観的態度に依拠していることを人々は認めなければならないとスマートは考えたが、一方、ヘアは人がそもそも道徳的言語を用いようとするなら、唯一矛盾のない選択肢は何らかのかたちの功利主義であることが証明できると考えた。ヘアは道徳的言語に内在する普遍化可能性の概念は、われわれの行為によって影響されるすべての者の選好に等しい重みを与えることをわれわれに要請し——また、こうした選好だけを考慮するよう要請する、と主張した。

これらすべてが道徳的言語に内在すると主張することは本当に可能だろうか？　われわれはそうは思わない。たとえ道徳的言語がヘアの主張するような含意を持つとしても、彼の議論は人が考えるほど多くのことを達成してはいない。なぜならこの議論は反対者たちに、こうした含意を持たない異なった用語法を発明させるようにしむけるだろうから。ヘアが認めるように、道徳的言語を用いるべき論理的必要も、道徳的推論に従って行為すべき論理的必要も存在しない。ヘアは非道徳主義者は一貫性がないとか非合理的であるとは主張しない。代わりに、ヘアは非道徳主義者でいない理由として、思慮という考慮 prudential considerations に訴えかける。非道徳主義に対抗するそうした思慮という考慮が常に存在するか否かは、個別的な事情に左右されよう。

これまで検討してきた功利主義者たちの見解の相違にもかかわらず、彼ら全員に共通する重要な点がある。以下を考察しよう。

・各人は一人として数えられるべきで、誰も一人以上に数えられるべきでないというベンサムの考え方。ミルもこれを支持した。
・いかなる個人の福利も他の個人の福利と同等なものとみなすべしというシジウィックの要請。
・われわれが選択を行う集団のすべての成員の間で公平であることを強いる無知の立場をハーサニィが選択したこと。
・一般化された善行に関するスマートの感情。
・われわれの行為によって影響を受ける者すべての立場に自分を置いてみることを要求するヘアの道徳的言語の分析。

この哲学者たち全員は、功利主義を〈黄金律〉の根底にある洞察の最善の理解と適用として提示していると見ることができる。また、ユダヤ教とキリスト教の伝統から中国とインドの伝統に至る多くのさまざまな文化文明の倫理の核心に、〈黄金律〉に似通ったものが存在するのは偶然ではないとわれわれは信ずる。功利主義をこの同一の洞察の含意することとみなすのには説得力がある。これは功利主義にとって有利な主張だ。

グリーン：対抗する諸原理の誤謬を指摘することによる功利主義擁護論

二十一世紀になって、われわれが道徳的決定をどのように行っているかに関する認知科学分野での研究に基づいた、功利主義を擁護する新たな議論が起こってきた。この主張は注意深く構築しなければならない。多くの科学者たちは事実に関する説明から価値を演繹しようとしてきた。そうした試みは常に失敗する。しかし哲学分野出身の実験的心理学者・神経科学者であるジョシュア・グリーンは、「である」から「べし」を導き出す誤謬を避けつつ科学的研究に依拠して功利主義擁護論を強化することは可能だということを証明した。

グリーンの研究はトロリー問題として知られる二つの想像上の状況で始まる。第一のケース〈スイッチ〉では、走り出したトロリーは線路を走っている。あなたが何もしなければ、それは五名の人を殺してしまう。五名の人を救うためにあなたにできる唯一のことは、スイッチを動かしてそのトロリーを別の線路に転進させることだ。しかしその先には一名の人物がいて、この人は殺されることになる(図5を参照)。(その場にいる人はすべて見知らぬ他人で、あなたは誰についても個人的な詳細をまったく知らない)。第二のケース〈歩道橋〉では、やはり走り出したトロリーがあって、あなたが何もしないと五名の人が死ぬ。だが今回あなたは線路をまたぐ歩道橋の上に立っていて、スイッチは存在しない。あなたはトロリーの前方に飛び降りて自分の命を犠牲にしようと考えるが、それを止めるにはあなたの体重では軽すぎることに気づく。しかし、重たいバックパックを背負った見知らぬ人物があなたの隣に立って、線路に身を乗り出している。五人の命を救うためにあなたにできる唯一の事柄は、彼を歩道橋からトロリーの前に突き落とすことだ。彼は死ぬだろうが、彼のバックパックの重量のおかげで、五人に衝突する前にトロリーは停止するだろう(図6を参照)。

ほとんどの人はこれらのケースで、スイッチを押すことは許されるが、見知らぬ他人を突き落とすことは許されないと言って答えるだろう。しかし、双方のケースで、あなたは五人の命を救うために一人を殺害しているのだ。ならばどうしてわれわれは両者に異なった対応をするのだろうか?

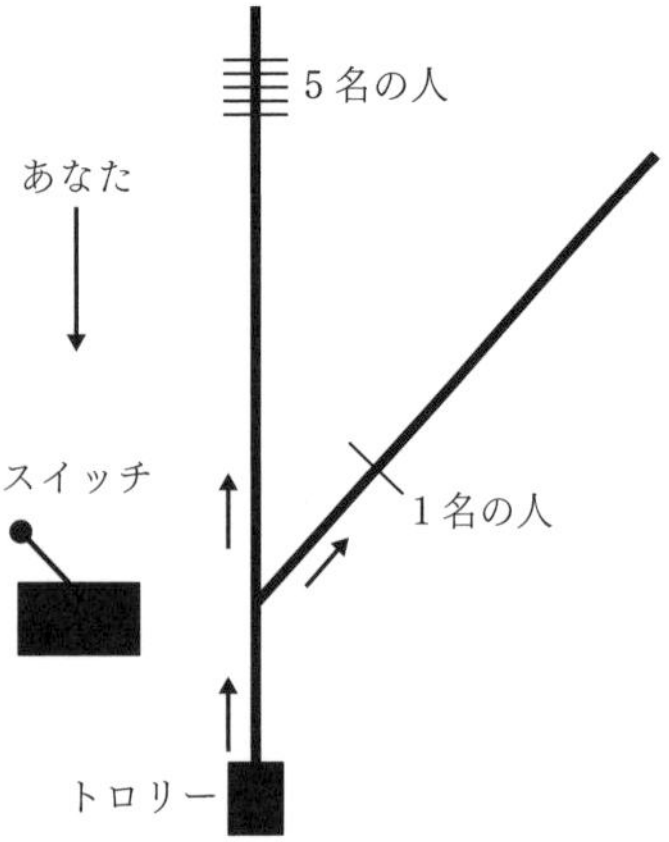

図5　トロリー問題――〈スイッチ〉
(Diagram courtesy of Joshua D. Greene)

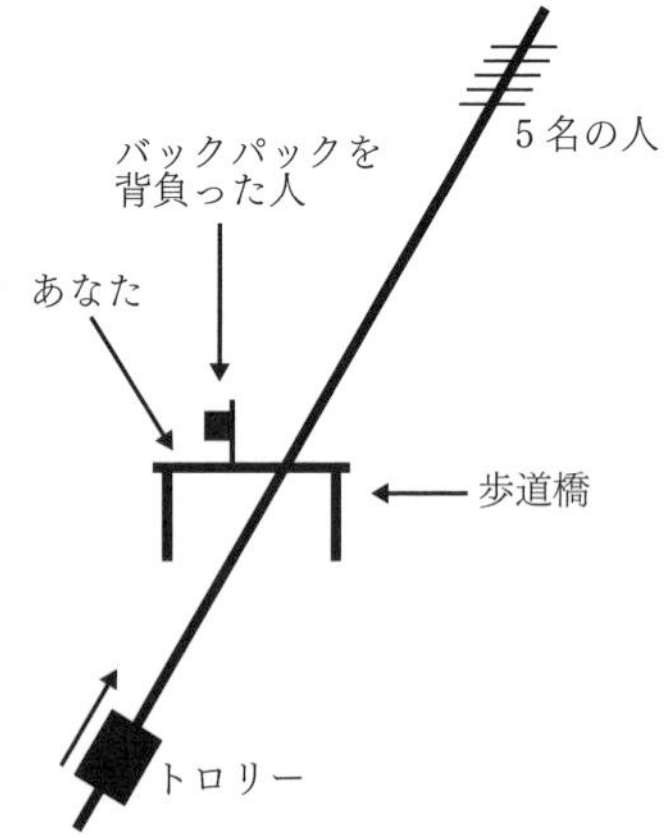

図6　トロリー問題――〈歩道橋〉
(Diagram courtesy of Joshua D. Greene)

哲学者たちは長年トロリー問題を議論してきた。当初もっともらしかった回答は、〈スイッチ〉では、脇の線路の人の死は予見されるとはいえ五人の命を救うことの意図せぬ副作用だが、一方〈歩道橋〉では、五人を救うための手段として見知らぬ人物を意図的に殺害している、というものだった。しかしこの区別は困難だ——もし、奇跡的に、あなたがトロリーの前の線路に突き落としたこの見知らぬ人物が落命せず、しかしその衝撃でトロリーが止まったら、あなたは嬉しいだろうし、その意味で、彼の死もまた意図されていない。さらに、第三のケース〈ループ〉は、副作用として殺害することと手段として殺害することとの区別は、たいていの人々が最終的にはどのように判断するかにおいて決定的ではないことを明らかにしている。〈ループ〉では、あなたはトロリーを脇に転進させるスイッチを引くことはできるものの、今回は、もし線路上で眠っている見知らぬ人物がいなければ、脇を走る線路は主たる線路に再び合流し、五人を殺害することになる。トロリーがその人物に衝突して殺害すれば、彼の身体の重みでトロリーは停止し、五人の命は助かる(図7を参照)。

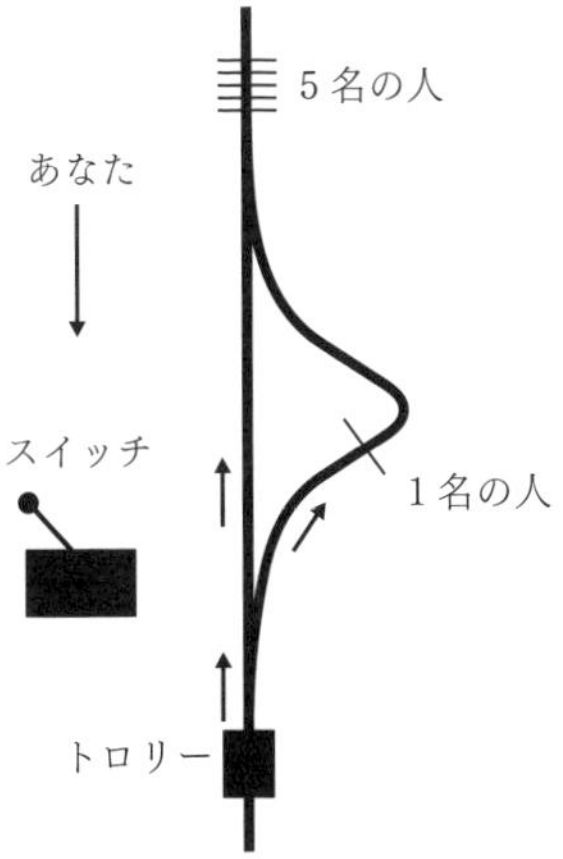

図7　トロリー問題——〈ループ〉
(Diagram courtesy of Joshua D. Greene)

したがって〈ループ〉では、〈歩道橋〉と同じく、線路上の見知らぬ人物は単なる副作用ではなく、目的のための手段として利用される。しかしほとんどの人々は〈ループ〉に対して〈スイッチ〉と同じような、また〈歩道橋〉に対するのとは異なった反応をすることだろう。

哲学者たちは典型的にはトロリー問題を、われわれの一見矛盾する諸直観を正当化する理論を提出することによって解決される哲学パズルとして取り扱うのだが、グリーンはなぜわれわれがこうした直観を持つのかを理解しようとした。彼は人々に機能的磁気共鳴画像法 functional magnetic resonance imaging を受けてもらい、その間に〈スイッチ〉と〈歩道橋〉に答えるよう依頼し、回答する際に脳のどの部分が活動しているかを判別しようとした。典型的には、〈スイッチ〉では認知に関連した脳の部位がより活発で、一方、〈歩道橋〉では感情に関わる部位がより活発だった。グリーンは、これは〈歩道橋〉には直接手を下す物理的暴力が含まれるのに対して、〈スイッチ〉はそうではないせいだと推論する。過去十年間にわたって、さまざまな異なった手法を用いた研究が、トロリー問題に関する具体的調査結果のみならず、われわれが数多くのさまざまな決定をどのように下すのかに関するより広い説明に適合する、道徳的意思決定の一般的見解をも支持してきた。このより広い説明はデュアル・プロセス理論として知られている。

グリーンはデュアル・プロセス理論を、われわれの多くに馴染みのある道具を指し示すことで説明する。すなわちオートフォーカスモードとマニュアルモードの双方を備えたカメラである。日常的な状況で写真を撮る際にはオートフォーカスが手早く便利だ。それは時間が限られ特別の専門技術を持たない人々がマニュアルモードを使用した場合より、一般的により良好な結果をもたらす。しかし、光が普通でない時、あるいは特定の効果をあげようとしているといった特別な状況においては、自分で設定を調整し、何が最善の結果をもたらすか時間をかけて考えた方が結果はよいだろう。道徳的思考とはそうしたものだとグリーンは考える。われわれは一般的な状況に対してはきわめて迅速で感情に基づいた反応をする——われわれはそれらを「内臓レベル反応」あるいは「好き嫌い」反応だと考える。たとえば〈歩道橋〉で、われわれのほとんどは彼ないし彼女を突き落として死なせることに強烈な内臓レベルの反応を覚える。それについて考える必要はない。われわれはただそれが不正だと直観するのだ。その反応はおそらく、われわれの祖先が高レベルの集団内暴力を許容できない、小さな直接対面的集団の中で暮らしていた何百年以上の時間の中で進化してきたのだろう。(集団間の暴力は別の問題だが、毎日の出来事ではない。)その一方、トロリーを転進させるのにスイッチを用いる際には、同じような感情的反応が起こらない。スイッチとトロリーは近年の発明であり、われわれの進化の歴史の中では何の役割も果たしていない。自動的反応がまったく存在しないため、われわれは結果を計算し、一人よりは五人の命を救った方がよいとわれわれのほとんどが結論づけるのだ。

直接的な人間の力を加えることが〈スイッチ〉と〈歩道橋〉でのわれわれの道徳的判断の違いに決定的な役割を果たしているという仮説を検証するために、グリーンは新たな状況を考案する。それは〈遠隔操作の歩道橋〉だ(図8参照)。ここにも再び、走り出したトロリーと歩道橋上の見知らぬ人物が登場する。しかし今回あなたはこの歩道橋の上にはいない。あなたは、見知らぬ他人が立っている所にある落とし戸を開けるスイッチの隣に立っている。スイッチを引けば彼は線路に落ちて死に、しかし五名の命は救われる。

〈遠隔操作の歩道橋〉で、歩道橋上に立つ見知らぬ人物の死を引き起こすことは許容できると言う覚悟がある回答者の割合は〈歩道橋〉の場合の二倍以上あった(六十三パーセント対三十一パーセント)。

この例は科学的エヴィデンスがわれわれの道徳的判断に影響しうる一つのあり方を明らかにしてい

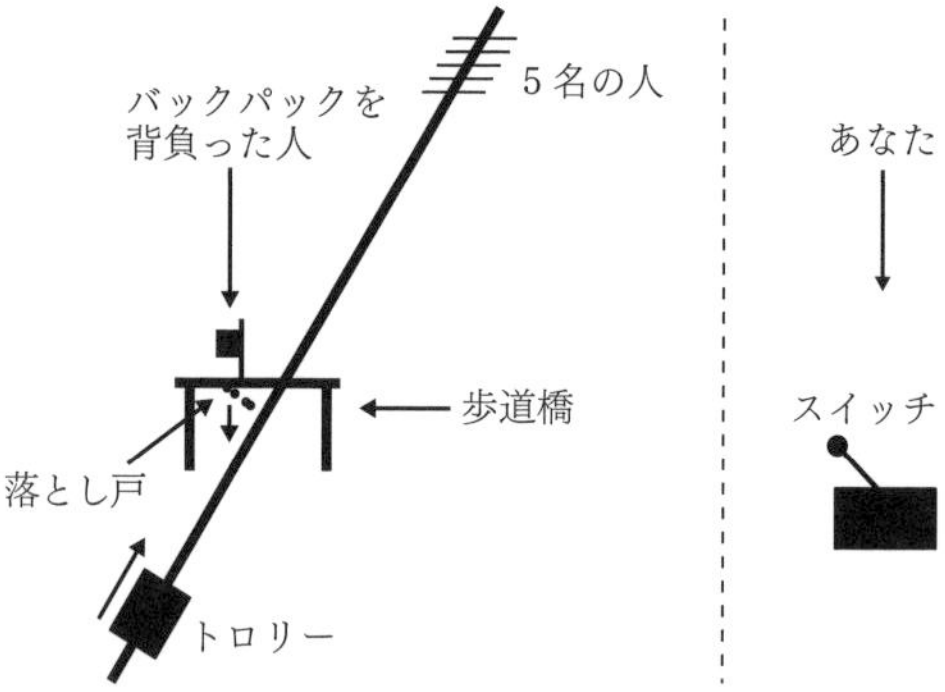

図8　トロリー問題――〈遠隔操作の歩道橋〉
(Diagram courtesy of Joshua D. Greene)

る。〈歩道橋〉を提示されたら、大抵の人々は重たい見知らぬ人物を突き落とすのは不正だと考える。（最初に〈歩道橋〉を提示されることなく）〈遠隔操作の歩道橋〉を提示されたら、たいていの人々は落とし戸を開けるスイッチを操作することは許容できると考える。さて、この二つの対応の違いを考察するとき、**あなた**は何を考えるだろうか？　トロリーが通り過ぎる直前にこの見知らぬ人物が線路上に落ちることを確実にする手段が、あなたが何か不正を行ったか否かに決定的な差異をもたらすとあなたは同意するだろうか？　もし、われわれのように、見知らぬ他人を殺す手段によって彼を殺すことの不正さに大きな差異が生ずることはありえないとあなたが考えるなら、あなたは道徳的判断を行ったことになる。すなわち、歩道橋から見知らぬ他人を突き落とすことは不正であり、**また**、彼を線路に落とす落とし戸を開けるスイッチを操作することは不正ではない、と同時に考えるべきではない。その判断を前提として、〈歩道橋〉と〈遠隔操作の歩道橋〉における多くの人々の判断は、スイッチではなく、直接の人間の力を使用したことによって影響されるという情報を付け加えるなら、われわれは今やトロリー問題の判断において、多くの人々は不適切な要素に反応していると結論づける立場に立つことになる。

その不適切な要素とは何だろうか？　人々は人間の力の使用に敏感すぎるということかもしれないし、あるいは人々はスイッチを動かすことで人々に危害を加えることに鈍感すぎるということかもしれない。われわれの判断の中には自動的反応によって動かされるものもあるし、道徳原理の意識的な適用によるものもあるということを、われわれはすでに知っている。われわれはただちに、自動的反応に由来する判断は信頼されるべきではないと結論づけるかもしれないが、それは性急すぎるだろうとグリーンは考える。われわれの自動的反応の中には、何千年もの試行錯誤を通じて検証され、健全だと証明されたものもあるだろう。意識的思考過程に頼るより、それらに頼った方がよりよい場合もあるかもしれない。しかし、何千年にわたる試行錯誤の中で自動的反応を発達させることができなかった状況において道徳的判断を下す場合は、そうはなりそうにない。たとえば、性道徳は強烈な自動的反応を引き起こす分野だが、そのうち信頼できる避妊法の存在する時代に発生したものは皆無だ。避妊するなら、成人した兄弟姉妹間で性行為を持つことは不正だろうか？　多くの国で、成人した兄弟姉妹間の近親姦は精神正常な成人間の随意的な性的関係で唯一、刑務所に投獄される可能性のあるものだ。成人の兄弟姉妹間の近親姦に対するわれわれの敵意が、異常な子の出生リスクに関する熟考された判断に基づくものとは思われない。なぜなら法と世論のどちらもが、妊娠する可能性がある状況と、そうした可能性がない状況とを区別していないからだ。あらゆる形態の近親間に対する広範な敵意は、性交渉が妊娠に至りがちだった時代に発展した自動的反応であると考える方がずっともっともらしい。だとしたら、避妊のための信頼できる手段を用いた成人の兄弟姉妹に適用された場合、われわれはそれを信頼できる判断基準と考えるべきではない。

われわれの直観的な倫理的判断は、それが進化してきたと思われる状況とは異なった状況に適用する際、特別な吟味が必要だ。しかしながら、状況が変わっていない場合ですら、われわれの自動的反応はしばしばわれわれを道に迷わせる。結局のところ、進化は生殖的適合性を選択するもので、道徳的知識や可能な限り高いレベルの福利を選択するものではない。マスターベーション、口腔性交、そして同性間性行為といった非生殖的行為に対する制裁を備えた集団の方が、そうした態度を持たない集団よりも繁殖能力が高く、より速く成長するかもしれない。そのことはこうした制裁が道徳的に擁護可能だということを意味しない。

ふたたびカメラの比喩を用いるなら、そうするのが最善でないと考える理由がない限り、われわれは自動的反応に従うのが最善だと結論づけるのが合理的だろうが、そうした理由があるなら、われわれがどうすべきかを見極めるのに意識的推論を用いるべきだ。

とはいえ、意識的推論によってわれわれは最善の帰結をもたらす事柄を行うべきだと判断することになるのか、それとも、結果はどうあれ何らかの行為を禁止する見解に至るのか？ それを問うことが依然必要だ。道徳哲学者の中には自らの非帰結主義的見解を擁護するためにたくさんの意識的推論を行う者もあるとグリーンは認めるが、しかし彼らはすでに持っている直観を合理化しているにすぎないと彼は主張する。すでに見たように、マスターベーションに対する否定的な自動的反応を社会がなぜ発達させるかには進化的な理由が存在する。カントもこの反応を共有したが、何が行為を不正とするかに関する理論を持つ哲学者として、彼は自らの反応の理由を提示しなければならないとグリーンは主張する。それゆえ、マスターベーションは自分を手段として利用しているから不正だと彼は言うのである。今日、ほとんどの人々はこれを笑うべき話だと思う。カントがこの結論に、彼が生きたキリスト教文化においてマスターベーションは不正とみなされていたという事実と独立に到達したと信ずるのは困難だ。

グリーンは同様の「直観追求」は、多くの非帰結主義的道徳的推論の特徴であるとする証拠を提示する。たとえば、人々が自分の刑罰観を聞かれた時、その判断は抑止や改善ではなく応報を刑罰の主たる動機とするパターンに従うのが典型的だ。この証拠は、より過酷でより応報的な刑罰を支持する人々は、反応する前に推論を行っている可能性が低いことを示唆している。したがって刑罰の正当化として応報主義を擁護する非帰結主義哲学者は、単に自分の直観を合理化しているにすぎないと信ずべきもっともな理由があることになる。

グリーンの主張は、道徳理論の正当化のためのロールズの反省的均衡モデルに疑問を付すべき理由を提供する。ロールズは、道徳理論はデータと整合すべきであるという点で科学理論に似通っていると示唆する――科学において、データは実験の結果であるかもしれない。もしわれわれが、すべてではないにせよ、ほとんどの実験結果を説明するきわめて強力な理論を持っているとして、われわれはこれらの理論に合わない結果をもっと厳格に見つめ、おそらくは、エラーに至った何かしら未知の要素が存在したに違いないという理由で、それらの結果の価値を割り引くだろう。ロールズによれば、倫理学におけるデータとは、われわれの直観的道徳的判断を考察し、おそらくはなぜそのいくつかが信用できないかの説明に照らしてそれらを修正した後の、われわれの直観的道徳的判断だ。ここでもまた、説得力ある倫理学理論が存在することによって、直観的判断に関するわれわれの見解が変更されるかもしれない。われわれはここでも理論に立ち戻り、無視したくはない熟慮の上の道徳的判断にもっと適合するようなかたちでそれを修正できないか見てみるかもしれない。さらに熟考した後、理論とわれわれの熟慮した道徳的判断との間に、最終的に均衡が達成され、それがその理論にとって可能な限り最善の正当化となるはずだ。

しかし、もしグリーンが正しいなら、道徳理論はそれがわれわれの直観と適合するか否かによって判断されるべきではない。われわれの直観の多くは、われわれが今日直面する状況にはもはや妥当しない自動的道徳的反応だろう。少なくとも、反省的均衡モデルは、われわれの道徳的直観の中のどれが行動の健全な指針を与えるには不適切な状況の中で進化してきたかを示す研究を考慮に入れるように拡大される必要があるだろう。われわれはその後で、道徳理論を正当化する目的のために、こうした直観を無視することにしよう。しかしながらこれらの発見によってどの直観が無傷でとどまるか次第で、反省的均衡と主たる代替的選択肢である基礎付け主義の差異は、減少し、おそらく消滅する。

グリーンの業績は帰結主義の受容を妨げてきた障害物を取り除いてくれる。感情に基づく自動的反応、そしてまた哲学者たちが支持してきた合理化を拒絶することで、帰結主義は可能な限り最善の選択肢となるのだ。グリーンの言うように、「われわれは物事全般をよりよくしようとすべきだという観念は、誰にとっても道徳的に意味をなす。」それでもなお、帰結主義は道徳的に意味をなすという この観念もまた、シジウィックが信じたように直観ではないのか、と反論がなされるかもしれない。もしそうなら、それはグリーンがわれわれの他の直観に対して行ったのと同じ種類の誤謬性指摘による批判に対して脆弱なのではないだろうか？

シジウィックがわれわれを功利主義に導くと主張した直観と、グリーンが記述し、そして誤謬性を明らかにした、自動的な情緒的反応とを区別することは可能だとわれわれは考える。この点で、別の場所でもっと十分に擁護した議論を付け加えることによって、われわれはグリーンの帰結主義を支持する主張を支持することができる。われわれはすでに、シジウィックの普遍的善行の原理が、私自身の利益に他の誰かの似通った利益よりも大きな重要性を与えないよう要請することを確認した。こうした原理は進化過程によって選択されそうにない。反対に、それはまさに進化が選択**しない**と期待されるであろう種類の原理だ。なぜなら進化はわれわれ、われわれの親族、われわれと互恵的な関係にある人々、そしておそらくはわれわれの小さな民族や社会集団の他のメンバーに利益を与える原理を選択するからだ。互恵性およびわれわれの社会集団内の信頼の必要性は、公正感覚の進化に至るかもしれないが、しかしそうした感覚をわれわれの属する集団を超えて拡大しようとする推進力が、進化の結果である自動的反応だということはありそうもない。むしろ、それはわれわれの推論能力の使用を要請しそうだ。われわれの推論はもちろん進化の産物だ。なぜならそれはわれわれの生存と生殖の見込みを増大するのだから。しかしそれはまた、高度な数学を理解する能力のような、進化適性とは何の関係もない事柄を理解する能力を伴いもする。おそらくそれは、自分自身の利益はわれわれと同じように生を享受しうる他の存在の利益よりもいささかも重要でない、ということをわれわれが理解する能力をも伴うのだろう。もしこのことが正しいなら、シジウィックの善行原理の合理的基礎は、進化論による誤謬性批判の議論 evolutionary debunking arguments によって傷つけられず、無傷なままにとどまる――これらの議論が、非帰結主義的直観を受容する根拠を掘り崩すときでも。

第3章　われわれは何を最大化すべきなのか？

古典的見解

功利主義は帰結主義の一形態だが、帰結主義とは正しい行為は最善の帰結をもたらす行為だと説く理論だ。しかしわれわれは「最善の帰結」をいかに理解すべきだろうか？　ベンサムもミルもシジウィックも快楽主義者だった。つまり彼らは、正の内在的価値を持つ唯一のものは快楽あるいは幸福であり、負の内在的価値を持つ唯一のものは苦痛あるいは苦しみだと信じていた。苦しみは負の内在的価値を持つと主張することは、苦しみの結果として善きものが生じうることを否定することにはならない。負の内在的価値を持つものも正の手段的価値を持ちうる。――これはニーチェが功利主義に関する批判的なコメントの中で見落としていたらしい点だ。すでに第1章で見たように、快楽だけが正の内在的価値を持つという見解は功利主義者が発明したわけではなく、エピクロスにまで遡る。エピクロス主義の伝統はローマ時代まで影響力があったが、それからキリスト教が支配的になり、その後千五百年間、快楽だけが唯一の内在的善だという見解は人気がなかった。

快楽だけが唯一の内在的善だという見解は常に反論を受けてきた。プラトンとアリストテレスは、あらゆる快楽が善いものなのか、それとも「高貴」な快楽だけがそうなのか、と問うた。おそらく最もよく知られた反論はローマ時代に遡るもので、快楽を唯一の内在的善とみなすことは「豚にのみふさわしい」教説を提唱するものだ、というものだろう。豚が享受できるタイプの快楽——たとえば飲食やセックスの快楽——が、われわれが名作文学を読んだりオペラを聴くことから得る快楽と同じ価値を有するはずはないというのは、多くの人々が直観的にもっともだと感ずるところだ。ロジャー・クリスプは快楽説の再生にあたって指導的な役割を果たしてきたオックスフォードの哲学者だが、彼は系統発生の樹をさらに深くさかのぼって、われわれが不死の牡蠣の一生と作曲家ヨゼフ・ハイドンの一生のどちらかを選べると想像せよと言う。前者は、終わることがないがきわめて限定された快楽を経験する。ハイドンは七十七年しか生きられなかったが、異なった強度のさまざまの快い経験を持った。この牡蠣の生涯は終わることがないのだから、それがもたらす快楽の総量はハイドンの有限の一生の快楽よりも大きい。だがわれわれはそれを選ぶだろうか?

「豚の哲学」という反論に対するミルの回答は、快楽の評価においてわれわれは量だけではなく質も考慮に入れるべきだ、というものだった。「両方の経験を有する人々のすべてであるいはほとんどすべて」が、一方の快楽のいかなる量と引き換えにしても他の快楽をあきらめないほど後者をはっきりと選好するならば、その快楽は質において優れている、とミルは論じた。これを基礎にして、彼は「満足した豚であるよりも満足していない人間である方が善く、満足した愚か者であるよりも満足していないソクラテスである方が善い」と論ずる。

ミルの論法については多くのことが言われてきたが、その大部分は批判的だ。主たる反論はこうだ。もしわれわれが快楽の質に基づいて快楽を区別し、たとえば、オペラに行くことはフットボールの試合を観るよりも質的に善い快楽をわれわれに与えると言うならば、われわれは「洗練されている」とか「知的だ」とか「高貴だ」といった、快楽とは別の価値を導入しているのであって、われわれが最大化に値するとしているものはもはや快楽ではなく、何か別のもの、あるいはせいぜいのところ、快楽と結びついた何か別の価値だということになる。もしこれが実際にミルがしていることだとしたら、彼は快楽説を捨てているのだ。

それゆえわれわれは選択を迫られる。快楽を唯一の内在的善として取り扱い、フットボールをオペラよりも楽しむならばそれを観て、洗練や他の価値については忘れることもできる。もしわれわれが豚と同様に泥浴びをすることで快楽を最大化できるとわかったならば、泥を持ってくるべきだ！　またプッシュピンもそうだ。これはパブで行われる単純なゲームで、ベンサムによれば詩と同じくらい善いものだ——もし快楽の量が等しいならば。もう一つの選択肢は、より洗練された、あるいはより知的な、あるいはより高貴な善を選ぶというものだが、その理由は、それらがそれ自体として内在的な価値を持つからだ。それはつまり、快楽は唯一の内在的善ではないということだ。われわれは快楽以外にも知識や美や真理といった他の善を含む、帰結主義の多元主義的形態を支持する議論を論ずる際にそのような見解を考察する（図9参照）。

図9　快楽主義者が唯一の内在的価値と考えるものの一例（Photo courtesy of Piotr Makuch）

経験機械

一九七四年に、アメリカの哲学者ロバート・ノージックはこの論争に新たな議論を導入して、われわれが意識ある経験以外のもの（それゆえむろん快楽以外のもの）を評価していることを示そうとした。彼の議論はこうだ。

あなたが望むどんな経験でも与えてくれるような、経験機械があると仮定してみよう。超詐欺師の神経心理学者たちがあなたの脳を刺激して、偉大な小説を書いている、友人をつくっている、興味深い本を読んでいるとあなたが考えたり感じたりするようにさせることができるとしよう。その間ずっとあなたは、脳に電極を取りつけられたまま、タンクの中で漂っている。あなたの真正のさまざまな経験をあらかじめプログラムした上で、あなたはこの機械に一生繋がれているだろうか？

この機械に繋がれることは利己的な行為だろうという反論を予期して、ノージックは機械に繋がれたいと欲する誰もが機械に繋がれることができると付け加え、もし全員が繋がれていたら誰が機械を維持するのかの問題を無視するように命ずる。そして彼は問う。「あなたは繋がれたいと思うだろうか？　われわれの人生が内側からどう感じられるかという以外に、一体何がわれわれにとって問題なのか？」

ノージックはわれわれが経験機械に繋がれたくないだろうと想定して、このことから、「われわれの人生が内側からどう感じられるか」以外のことがわれわれにとって重要だということを示そうとする。もしそれ以外のことがわれわれにとって重要ならば、ミルの「両方の経験」をした人々の選択からの議論も快楽主義を擁護するために十分でない。なぜなら経験機械はあなたに豚や馬鹿者の経験だけでなくソクラテスの経験も与えられるのだから。しかしそのときわれわれは現実にはソクラテスでないし、自分はアテナイ人たちがもっと思慮深く自分の生活を検討するように励ましてきたというわれわれの信念も幻想にすぎない。もし内在的な価値を持つ唯一のものが快楽ならば、このことは問題にならないだろう。われわれの快い経験の価値は、それが現実に基礎を置いているのか、それともタンクの中で漂っている間にわれわれの脳の中に埋め込まれた電極に基づいているのかに依存していないのだから。それでもわれわれは自分の一生と達成が現実のものであることを欲すると思われる。もしわれわれがエベレスト山に登りたいと本当に欲するならば、われわれはこの世界最高峰に登ることを本当に欲しているのであって、タンクの中を漂ったまま登山の経験を持つだけのことを欲しているのではない――たとえその経験が、われわれがエベレスト山に登ったら持つであろう経験と寸分違わないとしても。同様にして、われわれは自分を好いてくれる友人を持ちたいのであって、自分を好いてくれる友人をもし持っていたらわれわれが持つであろう経験をすることを欲しているのではない。

ノージックの思考実験は快楽主義や意識状態あるいは心的状態だけが内在的価値を持つというあらゆる理論に対する決定的な反論だ、と考える人は多い。それに対する選択肢は何だろうか？

選好功利主義

経済学と功利主義はともに効用にかかわっているが、二十世紀前半の経済学者たちは、古典的功利主義者とは全く違ったかたちで効用概念の理解を発展させた。当時経済学者は彼らの学問を科学として確立させようと切望しており、快楽や苦痛のような心の状態が観察も測定もできないという事実に悩んでいた。だから経済学者は観察できる行動に焦点を向け始めた。もし私が一ドル持っていて、それでリンゴ一個かオレンジ一個を買うことができるならば、私がオレンジを選んだことはオレンジに対する私の選好を示している。そしてそのオレンジを選ぶことはそのリンゴを選ぶことよりも私の効用を増大させる、と想定される。もしリンゴとオレンジの価格が変化して、私は一ドルでリンゴ二個かオレンジ一個を買うことができるならば、そして今や私はリンゴ二個を買うならば、これが示すのは、オレンジ一個よりもリンゴ二個の方が私の効用を増大させる、ということだ。これは私がオレンジ一個からよりもリンゴ二個から一層大きな快楽を得るだろうという予言ではない。経済学者にとって、私が自分の選択から一層大きな快楽を得るか得ないかは重要でない。重要なのは選択時の私の選好順序を示す選択自体である。私が選好するものを得るということが私の効用を構成しているのだ。効用概念のこの新たな理解は、経済学をもっと科学らしく見せることができるというだけでなく、経済学がパターナリズムという外見を避けられるという付加的な利点も持っていた。経済学の擁護者はこう言うことができた。――経済学は人々にとって善いことを彼らに語ることにあるのではなくて、人々に彼らの選ぶものを一層多く与えることに関わるものだ。

経済学的な効用概念は選好功利主義の用いる効用概念に似ている。後者によると、正しい行為とは、われわれの行為によって影響を受けるすべての人々の選好を全体として最もよく満足させる行為である。(この二つの効用観は同一でない。なぜなら選好功利主義は人々の選好の強さといった、われわれが観察できない事柄を平気で語るので、観察できる選択が真の選好を示しているとみなす必要がないからだ。)第2章で見たように、R・M・ヘアは彼が客観的道徳的真理に関する神秘的な主張だと考えたものを避けようとしたために選好功利主義に導かれた。彼はその代わりに、道徳的判断はわれわれが普遍化する用意のある指令であり、われわれの指令はわれわれの欲求あるいは選好に基づいていると考えた。本書の共著者の一人であるピーター・シンガーも、客観的道徳的真理という観念に一時期かなり懐疑的だったために、選好功利主義を少なくとも「最初のベース」として受け入れた。なぜならそれはわれわれが自分の選択と選好について行う選択を普遍化するだけで到達できるものだからだ。

快楽主義と違って、選好功利主義は経験機械の反論を避けられる。もし私がエベレスト山に登ることを欲するならば、経験機械は私の欲求を満足させられない。それにできることは、自分の欲求を満足させたと誤って私に考えさせることだけであって、それは私が欲することではない。むろん私は、もし私がエベレスト山に登ったら持つであろうような経験と同一の経験を持つことだけを欲するかもしれない。しかしもしノージックの想定が正しくて、われわれの大部分は経験機械に入ろうとしないならば、それはわれわれの大部分が経験以上のものを欲するということを示唆する。われわれは自分の経験が現実であることを欲するのだ。

選好功利主義は功利主義の一形態である。なぜならそれは、重みづけがなされたわれわれの選好の最大の満足として解された、ウェルビーイングの最大化を目指しているからだ。ここでいう重みづけは選好の強さに従う。しかしウェルビーイングのこの説明は経験機械の問題を克服するとはいえ、それ自身の問題を持っている。

デレク・パーフィットがあげた例を考えてみよう。ある〈利他的な薬物提供者〉は人々をある薬物に依存させる。なぜなら彼は自分が依存症者たちの薬物に対する強烈な欲求を満足させることができると知っているからだ。彼は依存症者たちの生涯の間、この薬物を無料で供給するだろう。この薬物への欲求が生ずるとすぐにそれが満たされうる限り、この薬物は何の快楽ももたらさないが、また何の害悪ももたらさない。選好功利主義によると、この〈利他的な薬物提供者〉は彼が依存症者とした人々に利益を与えているのだが、誰がそのような利益を受けたいと欲するだろうか？　この結論を避けるために、選好功利主義者はわれわれに利益を与えるとみなされる選好満足を、既存の選好の満足だけに限定しようとするかもしれない。だがそれはまた別の問題をひき起こしてしまうだろう。私はあなたにジェイン・オースティンの『説得されて』を一部与えることによって、あなたの中に『高慢と偏見』を読みたいという欲求をひき起こすかもしれないが、その欲求の実現はあなたに利益を与えると考えるのがもっともだ。

選好功利主義にとっての第二の難問は、あなたの欲求が満足されたということをたとえあなたが知らなくてもあなたのウェルビーイングは増大することがありうる、という主張にそれがコミットしているように思われるということだ。（選好功利主義がなぜ経験機械の反論を避けられるのかを思い出してもらいたい。それは経験という意味での「満足」を最大化しようとしているのではなくて、あなたが欲求していることが実際に起きるという意味での満足を最大化しようとしているのだ。）〈見知らぬ乗客〉という、パーフィットの第二の例を考えてみよう。あなたは列車旅行の最中、気持のよい見知らぬ人の隣に座っていたが、彼女が会話を始めて、その中で彼女は自分の生涯の野望と成功の見込みをあなたに語る。あなたは彼女にすっかり好意を持ち、彼女の成功を心から欲するが、あなたは連絡先を交換することがなく、その後再び彼女のことを見たり聞いたりすることがない。彼女はあなたに話したように、達成したいと希望していたことすべての達成に成功したとしてみよう。そのことは、彼女が失敗した場合よりも**あなたの**生がうまく行っているということを意味するだろうか？　それこそ選好功利主義が意味していることだが、見知らぬ人の成功があなたの意識的経験に何の影響も及ぼさないのに、あなたの生が一層うまく行くと言うことは奇妙なように思われる。

今見たように、選好功利主義は現在と未来のあらゆる欲求を考慮に入れる。しかし過去の選好についてはどうか？　あなたはある友人を持っていて、彼女はこれまでの生涯の大部分を通じて無神論者だったとしてみよう。ところが今、死の床にあって苦しんでいる彼女は地獄に行くことを恐れて、最後の秘跡(last rites)を執り行ってくれるよう牧師を呼んでくれとあなたに頼む。これが彼女の今持っている欲求だという理由で、あなたはそれを行うだろうか？　それとも、あなたは彼女が生涯持っていた欲求――おそらく、彼女が今よりも明晰に思考していた時の欲求――を考慮して、牧師を呼ぶことを拒むだろうか？

死者の欲求についても同じような問題が提起されうる。もしあなたが自分の墓石にある碑文を彫ってもらいたいという欲求を持っていたら、あなたの死後その碑文が実際に墓石に彫り込まれることはあなたのウェルビーイングを高めるだろうか？　われわれは自分に近しい人々のためにはそのような欲求を実現させるべきだと感ずる。しかしこう想像してみよう。ある歴史家が、ある古代の王が自分の墓石に特定の碑文を欲していたということを発見したが、現在そこにはそのような碑文が存在しない。この発見はその碑文を現在加えるべき理由になるだろうか？　直観的には、おそらくわれわれの大部分は否と答えるだろう。しかしながら、もし選好功利主義者がそう答えるならば、われわれが生きている間に起きるがそれについてわれわれが決して知らない欲求満足（列車の中の見知らぬ乗客がその野望を達成したらよいという欲求のようなもの）と、われわれの死後にならないと起きないためにわれわれが決して知らない欲求満足をなぜ区別するのか、その理由を彼らは説明しなければならない。

選好功利主義者はその理論を根本的に変えることなくこれらの問題を処理できるかもしれない。——彼らはおそらく、これらのケースにおける自らの見解の含意がもっともらしく思われないとしても、それを単純に受け入れることができるだろう。一層根本的な問題は、十分な情報を持ち明晰に考えればあなたが持たないような欲求にかかわる。最後の秘跡を執り行うために牧師を呼んでほしいという、瀕死の無神論者の欲求はその一例だ。あるいは、おそらく今あなたは自分をわざとだましたと信じている誰かへの復讐を欲しているかもしれないが、もしあなたが十分な情報を得たら、あなたは自分の信念が誤っていてその人の行動はゆがんで伝わっていたということを知るかもしれない。だがあなたが自分の誤りを決して発見することがなく、従ってあなたが彼を害したとしてもあなたは決してその行為を後悔しない、と想定しよう。もしあなたが彼を害することに成功したら、あなたの欲求が満足されたのであなたの状態は向上するのだろうか？（満足感は措いておこう。——われわれはここでもまた、起きてほしいとあなたが欲することが起きたという意味における満足についてだけ語っている。）

あなたがたまたま持っているかもしれない何らかの欲求の満足としてウェルビーイングを見るのではなしに、ウェルビーイングとは次のような欲求の満足にあるという見解に移ることで、この反論に答えようとする選好功利主義者もいる。そのような欲求とは、もしわれわれが十分な情報を持ち、われわれに開かれたあらゆる異なった諸行為とそれらのそれぞれが現在と未来のわれわれの欲求の実現に及ぼす影響について明晰に考える際に持つような欲求だ。この見解によると、もしあなたが、ジェイムズがあなたに不正を働いたと誤って信じているためにジェイムズへの復讐を欲しているならば、復讐へのあなたの欲求は考慮に入れられるべきでない。同じようにして、もしあなたが死の床にあり、死後地獄ではなく天国に行く確率を高めるために牧師から罪の赦免を受けることを欲するが、実際には死後の生は存在しないなら、この欲求は考慮に入れられない。なぜならもしあなたが十分な情報を持っていれば、あなたはこの欲求を持たなくなるからだ。

われわれが十分な情報を持ち明晰に思考する際に持つであろう欲求しか考慮しないとしたら、われわれは人々が十分な情報を持たなかったり混乱していたり性急に思考したりするときに持っている、あらゆる種類の欲求を無視することができる。しかしながら、十分な情報による欲求への転換は、最初かなり単純な見解のように見えた見解を極端に複雑なものに変えてしまう。次のように想像してみよう。マリアは宗教を篤く信じているが、真実には神は存在しないので、もしマリアが十分な情報を持てば、無神論者になるだろう。彼女の主たる欲求は、彼女が行うように神が欲することを何でも行おうというものと、それとは別に、自分の生活を可能な限り楽しもうというものである。このことは、あなたが彼女に利益を与えたいならば、あなたは彼女の信仰に基づく欲求をすべて無視すべきだ、ということを意味するだろうか？　たとえば、マリアは日曜のミサに遅れずに行くためにあなたが彼女を起こしてくれることを望んでいる、とあなたは知っているとしてみよう。自分がそのミサに出席することを神は望んでいるとマリアは信じているので、彼女はそれを欲している。あなたはまた、神は存在せず、この美しい春の日の朝には、マリアがミサに行けなくなるほど寝坊して、教会に行く代わりに庭仕事をした方が彼女にとってずっと楽しいだろう、ということも知っている。すると選好功利主義の「十分な情報による欲求」ヴァージョンを取る人々は、あなたはマリアがミサに行けるように彼女を起こすべきではない、と言わざるを得ない。彼らはもっと一般的には、マリアの最も堅固な現実の願望に反することをあなたが彼女に対して行うことが正しい、と考えるだろう。それに加えて、マリアは神が存在しないということを決して受け入れないだろう(とわれわれは想定する)から、彼女は死ぬまであなたが彼女に対して行うことに腹を立てるだろう。気にするな、あなたはもしマリアが十分な情報を持ちさえしたら望んだであろうことをしているのだから、と選好功利主義者は言うだろう。最初は快楽主義的功利主義よりもパターナリスティックでないように思われた選好功利主義だが、それは突然その長所を失ってしまった。

誤った情報に基づく欲求の問題への別の回答は、われわれが重視すべき欲求は基礎的な欲求であって、ある事実の存在を条件とする欲求ではない、というものだ。たとえば、ジェイムズがあなたに不正を働いたと信じているので彼を害そうというあなたの欲求の場合、この欲求は単に条件付きの欲求――ジェイムズがあなたを害したという条件の下で、あなたは彼を害そうと欲する――にすぎない。もしジェイムズがそうしていなかったら、あなたの基礎的な欲求はあなたに対して好意を持って行動する人すべてに対して好意を持って行動しようというものなので、そちらが支配するだろう。この見解は、十分な情報に基づく欲求の見解ほどパターナリスティックではないように思われる。なぜならわれわれが重視しているのは、あなたの現実の基礎的欲求であって、現実でないある条件下であなたが持つであろう、単に仮説的な欲求ではないからだ。それにもかかわらず、多くの状況において――たとえば、マリアのような篤信家の場合――それは十分な情報に基づく欲求の見解と同じ結論に至るから、同じようにパターナリスティックである。

さらなる、おそらく究極的にはもっと深刻な困難が生ずるのは、単純にクレージーだと思われる欲求を考察するときである。一例は、ある芝生の草の葉の数を数えることが自分の最大の欲求である人だ。彼は自分がこの仕事を正確に完成させたとしたら何が起きるかについて何ら幻想を抱いていない。彼は単にそれをしたいだけだ。われわれは、同じくらい強い他のあらゆる欲求と同じだけの重みをその欲求にも与えるべきだろうか?

選好功利主義者の中にはこの結論を受け入れて、この草の葉計算者の欲求にも、たとえば激痛を避けたいという同じくらい強い欲求と同じだけの内在的な重みを与える人がいる。他の人々はジョン・ハーサニィのように別の考え方をする。彼は書いている。「他の人々が全く不合理な欲求を満足させるのを助けるべきわれわれの道徳的責務と、彼らがきわめて合理的な欲求を満足させるのを助けるべき道徳的責務とが同じだと主張したら、それはばかげているだろう。」しかしもし選好功利主義が「合理的」な選考だけを考慮に入れるならば、それはそもそも選好功利主義ではなくなるという危険を冒すことになる。というのは、合理的な人にはあるものが客観的に善いということがわかるとしたら——多くの哲学者はそう論じてきた——、選好功利主義は客観的に善いものへの選好だけを考慮に入れることになり、従って全く別のタイプの理論になるからだ。

多元主義的帰結主義

選好功利主義は経験機械の反論を避けることができるが、それ自体の深刻な問題を持っていることが明らかになった。これらの問題を克服する方法の一つは、その説を、客観的に善いものを決定する能力をわれわれは利用することができると主張する理論と融合させることだ。客観的に善いものに関する一見解に基づく理論はまた、経験機械の反論を避けることもできる——客観的に善いと見なされるものが、意識の状態だけに限定されない限り。

快楽主義的功利主義と選好功利主義と並んで第三の選択肢があり、それは「理想的功利主義」として知られてきたが、今では「多元主義的帰結主義」と呼ばれる方が多い。多元主義的帰結主義者も内在的な善を最大化しようとするが、快楽主義的功利主義者と違って、快楽あるいは幸福だけが内在的に善い唯一のものだとは考えない。それ以外にも、知識や真理や美や正義や平等や自由のような、理想あるいは内在的価値が存在する、と彼らは言う。多元主義的帰結主義者は選好功利主義者と違って、そのようなものはわれわれの選好から独立に内在的価値を持つと主張する。多元主義的帰結主義者の中には、これらの価値をわれわれのウェルビーイングの一部とみなす人もいる。彼らはたとえば、もしわれわれがもっと多くの知識あるいは自由を持つならば、たとえわれわれが知識や自由を欲していないとしても、またそれらを少しも気にかけないとしても、そしてそれらがわれわれを一層幸福にしないとしても、それでもわれわれの生は向上するだろう、と信ずるのだ。この見解をとる人々もウェルビーイングを最大化しようとするのだから、われわれの用語法によれば功利主義者だ。他の多元主義的帰結主義者は、あるものはたとえそれらが誰のウェルビーイングも増加させないとしても内在的価値を持つと主張する。このグループはさらに二種類に分けることができる。あらゆる内在的な価値は意識ある生物の存在から何らかの仕方で導き出される――たとえそれが必ずしも彼らのウェルビーイングに貢献しないとしても――と考える人たちと、感覚を持った存在者がまったく存在しなくても内在的価値は存在しうると考える人たちだ。

ある人がそれについて何ら気にかけていないとしても、この人のウェルビーイングは内在的価値を持つあるものによって増大することがありうる、という見解をまず考察しよう。この主張を評価するためには、あるものが内在的価値だと断定するとはどういうことかについてはっきりさせる必要がある。知識や真理や自由のような内在的価値は万人のウェルビーイングの要素だ、なぜならもしあなたが最初こうした価値に関心を持っていなくても、もしあなたがそれらを採用するならば、そのうちに自分が得たものを評価できるようになり、その結果として一層幸福な生涯を生きるだろうから、と言われることがある。しかしながらこのような論法は、知識や真理や自由があなたにとって**内在的に**善いということを確証することにならない。それが示すのは、それらは幸福を増大させるから手段として善いということだけだ。

幸福あるいはわれわれの欲求の満足を促進するという手段的な価値から独立に、たとえば自由を内在的善とみなすことができるだろうか？『自由論』の中で、ジョン・スチュアート・ミルは表現の自由と、人々が他の人々を害さない限りで自分自身の生き方を選ぶ自由とを支持する古典的な議論を提出した。ミルのテクストは時として自由の内在的価値を擁護するものとして引用される。「個性の自由な発展はウェルビーイングの主要な本質的要素の一つである」というミルの主張は、自由が幸福への寄与とは独立にウェルビーイングの構成要素だという考え方を支持するように見えるかもしれない。しかしながら、自分は効用をあらゆる倫理的問題の究極的基準とみなすというミルの言明、そして彼が幸福あるいは快楽として効用を説明しているということと調和させてこの主張を読むならば、ミルは自由が個人の幸福にとって本質的に必要なものなのでそれを重要だとみなしていたという方がありそうなことだ。一般的に言って、もしあるものが快楽やそれ以外のわれわれが持ちたいと思う意識状態に至らず、またわれわれの選好あるいは欲求を満足させることもないとしたら、それがどうしてわれわれのウェルビーイングの一部でありうるのかを理解することは難しい。それゆえわれわれは、われわれのウェルビーイングが、われわれにとってどうでもよく、そしていつまでもそうであるだろう何ものかによって増大することがありうる、という見解を斥ける。

それでも、ウェルビーイング以外の何ものかが内在的価値を持つとみなすような多元主義的帰結主義の形態はまだ残されている。そのような見解には明らかな強みがある。それは経験機械の反論を逃れている。それは幻想なしに現実に生きること、自分の生活によって何ものかを達成することには内在的価値があると主張できるからだ。実際、多元主義的帰結主義はあなたが反省して内在的に価値があると考える価値ならば何でも受け入れることができる。むろんこのことは、別々の人々は内在的価値の別々のリストを持つことになるだろう、ということを意味する。哲学者たちが内在的価値を持つと考えてきた善の部分的なリストは以下のものを含んでいる。——生命、意識、健康、快楽、幸福、満足、達成、遊び、真理、知識、合理性、英知、実践的適理性、美、美的経験、徳、信仰、神との合一、愛情、友情、正義、平等、自由、平和、名誉。このような多元主義的帰結主義は明らかな問題に直面する。一体いかなる根拠に基づいて、ある価値は含まれ、別の価値は割愛されたのだろうか？なぜこの価値がリストにあるのに、あの価値はないのか？

それに対する回答は、なぜならこれらは皆何らかの他の究極的な善に寄与するからではありえない。もしそうだったら、その究極的な善が唯一の内在的な善であって、他の諸価値は手段的に価値がある、ということになるからだ。これはもはや究極的な善に関する多元主義的見解でない。あるいは多元主義者は、何が内在的価値を持ち何が持たないかを決めるためにわれわれは直観によるしかない、と答えることもできよう。もしこの回答が不満足に思われるならば、その多元主義者はこう回答できよう。——多元主義者であれ一元主義者(内在的な価値はただ一つしかないと主張する人)であれ、内在的価値を選ぶためには自分自身の直観に訴えかける以外の根拠は存在しない。

一元主義者は譲歩してその主張を受け入れても、多元主義者が直面しなければならない別の問題を指摘することができる。内在的な諸価値が衝突するとき、われわれはどうすべきなのか？　もしわれわれが多元主義者ならば、多くの状況において、それぞれが内在的な諸価値の間の異なった組み合わせに至る、異なった可能な行動の間でしばしば選択しなければならない。内在的価値を持つものを選ぶために、もしわれわれ自身の直観以外に何の基礎もないならば、そのような選択もまた直観が行うことでしかありえないように思われる。

真理は内在的な善だとわれわれが考えるとしてみよう。もしわれわれの祖母がわれわれの好みに全然合わないプレゼントをくれて、これが気に入ったかとわれわれに聞いたならば、われわれは真理の価値と彼女の感情を傷つけないという価値とをどのようにしてバランスをとるべきだろうか？　おそらくその場合、われわれは嘘を小さなものだとみなし、真理よりも祖母の幸福への配慮の方を勝たせるだろう。だがもっと深刻な状況でわれわれは同じ見解をとるだろうか？　たとえば次のように想像してみよう。祖母が危篤になって、今は十分意識があるのだが、彼女の医者はわれわれに、彼女はもうすぐ意識を失い、そこから回復することはないだろうと語る。祖母はわれわれに、なぜ息子は自分を見舞いに来ないのかと問う。真実は、彼は彼女を見舞うために来るところなのだが、彼の乗っている飛行機が行方不明になって、おそらく墜落したらしいのだ。もし真理が価値ならば、この状況において祖母にこの恐ろしいニュースを話すことにはいくらかの価値があるだろう。むろん多元主義者は、この価値はそれがもたらす癒すことのできない悲しみによって凌駕されると言える。だが彼らはどのようにこの結論に達するのだろうか？　誰かが真理の価値は祖母の悲しみを凌駕すると考えるなら、彼らはその人に何と言うのか？　おそらく、彼らの直観は違うとしか言えないだろう。

多元主義者にとって同じような問題が公共政策のレベルでも生ずる。そこでは直観への訴えかけが一層不満足だと思われる。もしわれわれが自由を内在的な価値だと考えるならば、われわれは人々がシートベルトを締めずに運転することを許すべきだろうか――それが道路の料金を引き上げるだろうとわかっていながら？　ウェルビーイングのように内在的な価値がただ一つしかなければ、これらの問題は難問とはいえ、すべての事実を得られれば、原理上解決できる。多元主義者にとってこれらの問題は解決できないと思われる。

多元主義者はある幻想の被害者であるためにこの困難に陥ったのだ、と古典的功利主義者は考える。シジウィックは常識道徳の規則を善の増大へのおおざっぱなガイドとして説明しようとしたが、功利主義者はそれと同じように、われわれが知識とか正義とか公平とか自由といった善を評価するのは、それらが善を増大させるからだ、と説明することができる。これらの善が尊敬され促進される社会は、そうでない社会よりもはるかに多くのウェルビーイングを持つ傾向がある。しかしながら、もしわれわれがこれらの原理を単に道具として価値あるものとしかみなさないならば、われわれもわれわれの政府も、それらの原理をもっと些細で短期的な、そしてもしかすると利己的な便宜のためにすぐ犠牲にしてしまうかもしれない。それゆえ、われわれがこれらを内在的に価値あるものとみなす方がよい。だから功利主義者は、そのような善が内在的な価値を持つというわれわれの直観を説明できると同時に、なぜわれわれがこれらの直観を信頼すべきでなく、むしろこれらの善の価値は道具的なものであって内在的ではないとみなすべきなのかを説明できる。

感覚ある存在者を超えた価値

「多元主義的帰結主義」の節で言及した価値のすべてが、意識ある存在者がいると前提していた。もし宇宙の中に意識ある存在者がおらず、そして決して存在しないだろうとしたら、何ものかが価値を持つことはあるだろうか？　宇宙がどのようなもので、そこに何が起こるかは重要だろうか？　そもそも善い帰結や悪い帰結というものはありうるのか——善悪の概念はそもそも意味を持つのか——

もしそれらの帰結を経験する意識ある存在者がいなかったら?

G・E・ムアが、美しい世界は醜い世界よりもよい――たとえそれを見たり感じたりできる存在者がいないとしても――と主張したことは有名だ。この見解を擁護して、彼は読者に次の二つの世界を比較せよと言った。一つはわれわれが想像しうる限り美しい世界であり、もう一つは「ごみの塊」だ。ムアは、もしわれわれがこの比較を行えば、醜い世界が存在するよりも美しい世界が存在する方がよいということを認められると主張した。しかしながら、この主張を評価するには明らかな困難がある。われわれはこの二つの世界の美醜に動かされる能力を持った存在者がいないという前提でこの判断に到達すると想定されているのだが、それと同時にこれらの世界を想像せよと言われている。そしてそうする際に、われわれはこれらの世界に動かされているのだ。この二つの世界に関するわれわれの判断が、それらを想像する際のわれわれの態度によって汚染されていないと確信することはとても難しい。これらの態度を除外してみれば、本書の著者であるわれわれ二人は、美しい世界が存在する方がよいというムアの直観に信頼を置くことができない。それが相違をもたらしうるような対象である、意識を持った存在者がおらず、また決していないだろうとしたら、それはいかなる相違をもたらすのだろうか?

その後ムア自身が、自分は間違っていた、意識に何らかの関係を持たないような内在的な善はない、と考えるようになった。二十世紀になってこの見解への新たな挑戦が生じた。荒野あるいは生物多様性の保存には内在的な価値があって、保存のこの重要性はわれわれの評価に依存するのではないし、われわれや他の動物がそこから得られる他の可能な利益に依存するのでもない、と主張する環境論者がいる。われわれはこの見解の魅力を理解できる。ある種を絶滅に追いやることは不正だと思われる──それが虎のように、誰でも知っている美しい動物であれ、それほど魅力的でない、Dehli Sands flower-loving fly(〈合衆国絶滅危惧種法〉の下で保護される最初の昆虫)であれ。またこの判断は絶滅危惧種の個体が経験する苦しみから独立しているように思われる。なぜなら希少植物の絶滅をもたらすことも不正だと思われるからだ。さらに、われわれはアメリカシロヅルのような絶滅危惧種の個体の死亡を、カナダヅルのようなそれに似ているが絶滅の恐れのない種の個体の死亡よりもはるかに気にかける──ツルの苦しみはおそらく同じようなものだろうが。そこから示唆されるのは、われわれが配慮する対象は動物の諸個体ではなく、そのような動物を見ることを楽しむわれわれや未来世代の人間だ、ということだ。生物多様性を保護し種の絶滅に反対する根拠として、それには意味がある。過去何百万年にわたって進化して、ひとたび絶滅したら決して元に戻せないような種の絶滅をもたらすことは、タリバンによるアフガニスタンの古代の仏像や寺院の破壊や、イスラム国によるイラクとシリアの遺跡破壊にも似た蛮行の一形態だ。それは未来世代から彼らの遺産の一部たるべき物を奪ってしまう。しかしながらこれは、生物多様性(あるいは古代の芸術作品)に内在的な価値を認めることとは違う。それらは、人間であれそれ以外の動物であれ、現在であれ未来であれ、感覚を持ったあらゆる存在者に利益を与える可能性のゆえに道具的な価値を持っているのだ。

内在的価値：これまでの話

われわれが経験機械に入りたくないということは快楽主義に対する強力な反論だ。選好功利主義はいくつかの問題に直面する。特に、いくら不十分な情報に基づいていても、あるいはいくらクレージーでも、あらゆる選好を含めるか、それとも十分な情報に基づき合理的であるとされる選好に限るかという選択がそうだ。いずれの選択肢も困難に至る。多元主義的帰結主義は魅力的に思われる。しかし知識や自由や美や真理や生物多様性は、意識ある存在者にとってのより幸福な生あるいはより善い生のための手段としての価値を超えて、本当にそれ自体で価値があるのだろうか？

われわれが最大化すべきものに関するどの見解も深刻な問題を抱えている。そうすると、快楽主義に反対する経験機械の議論を再び査定する価値がある。その議論はわれわれの直観に大きく依存しており、われわれがその機械に繋がれたくないという気持ちの背後にどんなファクターがあるのかを考察することが大切だ。われわれの直観的反応は、われわれの経験は自分の行為と自分の生き方の現実を反映したものであってほしいという欲求から来ているのだろうか？　それともSF映画からの不気味なイメージに影響されているのだろうか？　その例に反応する際、おそらくわれわれは――誰もが機械に繋がれることができるという保証にもかかわらず――世界の残りの人々に対する配慮や、世界をよりよい場所にしたいという欲求を無視することができないだろう。あるいはわれわれはテクノロジーを信頼しておらず、その機械を動かすスーパーコンピューターが故障して、われわれが目覚めて、自分が永遠に離れたと想像していた不様な現実に直面するという事態を危惧しているのかもしれない。われわれが経験機械に入ることを拒むのは、われわれが愛する人々を後に遺すのを嫌がることからも説明できるかもしれない。

別の可能なファクターは、「自分自身の生の主人」として自分の生をコントロールしたいという、われわれの強い欲求だ。われわれの未来は、自分が誰であるか、自分が何を行うか、自分が何を決めるかにかかっている、とわれわれは信ずることを望む。そのような信念のおかげでわれわれは幸福で充実した生を送れるのかもしれない。われわれはこのコントロールが幻想でしかありえないときでさえ、このコントロールを持つことを望む。たとえば人々はくじ引きで自分に券が割り当てられるよりも、自分でくじを引くことを選ぶ。そしてもっと確率のよい券と自分の引いた券との交換を拒否さえする。ほとんどの人々は、自分が運転者であるときの方が歩行者であるときよりも自動車事故発生の確率を低く見積もる。心理学者はこの現象を「コントロール幻想」と呼び、最近四十年間にわたってそれを理解するために研究してきた。アメリカの心理学者ハーバート・レフコートは、「自分は個人的選択を行使できるという幻想であるコントロールの感覚は、生命の維持にはっきりとした積極的な役割を果たしている」と示唆した。それゆえ、われわれは自分がコントロールできない機械の中に入りたくないという強い選好を持っている。

経験機械のようなケースにおいてわれわれを躊躇させるさらなる心理的特徴は、偽物よりも現実のものを選ぶわれわれの選好だ。もしわれわれの「ダイアモンド」のイアリングがよくできた偽物だったら、たとえ決してそれを売るつもりがないとしても、われわれは失望するだろう。われわれは自分のハンドバッグがラベルに書いてあるデザイナーの会社の製品であることを望むし、ルーヴルに行くときは複製を見ようとは思わない——たとえそれがどんなによくできていても。われわれは自分が本物と偽物を区別できるほどの専門家でなくても、真正さをかなり重大視するようだ。もしルーヴルにかかっている「モナリザ」が、専門家でなければレオナルドの絵と区別できないほど完全に描かれたコピーだとわかったとしたら、それに群がる人々はすぐに少なくなるだろう。それほどの重みを真正さに与えることは理性的だろうか？　それは理性的存在者としてのわれわれについて何を語るだろうか？　私のハンドバッグが有名デザイナーの製品だということがどうしてそれほど重要であるべきなのか？　もし私がその絵が好きならば、それがレオナルドの手になるということがなぜそれほど重要であるべきなのか？　あるものが現実だというあなたの**信念**がもしあなたにより大きな幸福あるいは快楽をもたらすならば、それが現実だとあなたが信じていればそれで十分なのであって、それが実際にどうかは問題でない。もしあなたが、自分の耳の下できらめいている石は本物のダイアモンドだと信じているためにとてもよい気持になっているならば、それで十分ではないか？　この点において経験機械は完璧な模造者のようなものだ。完璧な偽造以上のものをわれわれが欲するのは、疑いもなく、われわれの進化の産物であり、われわれが理性的に擁護できる選好ではない。

あなたはすでに経験機械に繋がれているのだからこの本を読んでいるというあなたの信念は幻想であり、あなたの家族や友人すべてを含むあなたが思い出せるものはすべて幻想にすぎない、とわれわれが今あなたに言ったら、あなたは経験機械から離れようと望むだろうか？　一連の実験が示すところでは、ほとんどの人々は自分が今生きている生が現実のものであれ、コンピューターにプログラムされた幻想であれ、そこから離れることを嫌がるだろう。われわれが経験機械に入りたがらないのは、われわれの多くの他の決定と同じように、「現状バイアス」の結果のようだ。われわれは自分が慣れているものを好む。変化するのは余分の努力であり、しかも危険だ。だからわれわれが自分の知っている世界を離れて機械に繋がれることを望まないのには何の不思議もない――特にわれわれはその機械がうまく機能するかどうかさえ確信が持てないのだから。しかしながら、もしわれわれがすでに経験機械の中にいるとしたら、われわれはそれを離れることはそれほどすばらしい考えではないと思うかもしれない。

われわれがあげたファクターのいずれかが、経験機械に対するわれわれの拒絶に際して重要な役割を果たすならば、経験機械の例は、われわれが自分たちの持ちうる最善の意識状態以上のものを欲するということの信頼すべき証拠にはならない。その場合、「われわれは何を最大化すべきか？」という問題に対する古典的功利主義の回答――「快楽」――はやはり擁護できる。

快楽とは何か？

快楽主義的功利主義者が主張するように、快楽が唯一の内在的価値であれ、あるいは多元主義的帰結主義者が主張するように、いくつかの内在的価値のうちの一つであれ、快楽が何であり、またそれとしばしば同一視される幸福とどう関係しているかについて、われわれはもっと多くのことを言う必要がある。

面白い映画を観ているとき、読み出したらやめられない本を読んでいるとき、クロスワードパズルを解いているとき、活気ある啓発的な哲学的議論に加わっているとき、おいしい食事や刺激的なセックスを楽しんでいるとき、サーフィンをしているとき、美しい晴天の日に自転車で坂を下っているとき、人は快楽を感ずる。これらすべての異なった経験を快楽たらしめるものは何か？　それらに共通しているものが何かあるだろうか？

この問題については二つの異なった立場を取ることができる。一つの立場は、これらの異なった経験は、その経験の時点において、また純粋に心理的な状態として考えた場合、われわれがその継続を欲するという以外には何も共通するものがない、というものだ。確かに快楽の感覚に恥とかストレスとかいった他の感覚が伴うことはあるが、もしこれらの異なった感覚を快楽の感覚から分けられれば、快楽とはそれ自体のためにわれわれが欲するところの何ものかである、ということをわれわれは知る。この見解によると、これらの多様な感覚のすべてを「快楽」という一般的な用語の下にまとめるものは、それらに対するわれわれの態度だ。もう一つの可能な立場は、快楽の異なった種類は、われわれの諸経験に伴いそれらを快楽たらしめる共通の「フィーリング・トーン」を持っている、というものだ。ロジャー・クリスプはこの後者の見解を擁護する。

快楽の性質に関する両方の理解のいずれも長所と短所を有する。態度説の最も魅力的な面は、われわれが快楽とみなす異なった経験のすべてが共通して持っているものは何かという難問をそれがきれいに解決してくれることだ。もしわれわれが、なぜわれわれは蜂蜜と熟したイチゴとチョコレートを甘いと言うのかと問うならば、われわれの答は、それらはすべて共通の味を持っているからだ、というものだ。それと対照的に、われわれが快楽と呼ぶさまざまの経験について反省するとき、それらに共通している特徴的な感覚を見出すことはできないかもしれない。そのために「フィーリング・トーン」説はもっともらしくない。態度説によると、それらを経験あるいは心の状態として見るとき、快楽とはわれわれがそれらを欲し、その継続を望むという事実にほかならない。このことはまた、何かがわれわれのウェルビーイングに寄与するとはどういうことかに関する魅力的な理解と快楽とを結びつけることになる。快楽は（他の条件が等しければ）必然的にわれわれのウェルビーイングに寄与する。なぜならそれはわれわれが欲するもの、われわれが得ようと動機づけられているものだからだ。これは正に態度説の含意である。もしわれわれが意識の状態として見てそれを欲しないならば、それは快楽ではないのだ。

その一方、フィーリング・トーン説は神経科学の現在の考え方と一層調和する。それは何かを欲することと何かを快いとみなすことを、二つの別々のプロセスとして取り扱う――われわれが欲するものが、感覚あるいは意識の状態であるときでも。神経科学者の多数意見は一九五四年以来変化した。その年にJ・オールズとP・ミルナーは電極を複数のラットの脳の中に埋め込んで、ラットの脳の中で快楽を生み出すと信じられる部分に電流を送るレバーをラットが押せるようにした。ラットは何千回もレバーを押して、そのため餓死するほどだった。最初の解釈は、ラットは他のことをすべて無視するほど大きな快楽を得ているというものだった。さらなる研究がラットだけでなく人間についても行われた。それが示すところでは、その刺激は快楽の感覚よりも欲求を作り出したらしい。現在のところ、動機づけは快楽と分離することができるらしい。もしそれが正しいとしたら、われわれが快楽と呼ぶ心の状態の特徴はわれわれがその継続を欲するという事実だ、と考えるべきではない。快楽について研究している神経科学者たちは、それを「感覚の上に塗られた付加的な素敵さのグロス an additional niceness gloss painted over the sensation」と呼んでいる。これは独特の「フィーリング・トーン」によく似ている。

われわれが快楽をどう理解するにせよ、それは古典的功利主義者が考えたように幸福と同じ意味なのかを問うことができる。彼らはあたかもわれわれの幸福というものは新鮮なリンゴをかじるとか晴れた日に散歩に行くとかいった小さな快楽の長い連鎖から成立しうるかのように書いている。それは正しいだろうか？　それともそのような事柄はわれわれの幸福をとらえそこなっているだろうか？社会科学者が人間集団の幸福を測定しようとするとき、しばしば彼らは、あなたは自分の生活にどれほど満足しているか、と質問する。これは幸福を、自分の全体としての生活に関する、人々の主観的な判断に結びつけることになる。その判断が肯定的であればあるほど、人は幸福なのだ。生活の満足は快楽とほとんど相関関係がないかもしれない。人が生活の満足に関する質問には肯定的な回答を与えるが、快い経験をほとんどしていないと認める、ということもある。

幸福は快楽とは別のものだ。幸福の焦点にあるのは、感覚あるいは経験の連鎖ではなく、むしろ心理的な状態、方向、傾向性だからだ。われわれはそれを肯定的な感情的評価として理解できよう——その期間が一瞬であれ、一日であれ、一生であれ。それは上機嫌である傾向性、愉快である傾向性、生活への一般的に肯定的な見方を持つ傾向性、などと呼ばれてきた。しかしながら、傾向性が価値を持ちうるのは、傾向性が向く対象のおかげでしかありえない。たとえば、困っている人を助けようとする傾向性を考えてみよう——。この傾向性は困っている人々が助けられるという事態に至るからとてもよいものだが、もしそれに至らないならば、それ自体としては価値がない。それゆえ、もし幸福を傾向性として理解するならば、内在的価値を持つのは幸福それ自体ではなくて、むしろ傾向性が持つ肯定的な感覚だということになる。

幸福の研究が検討すべき問題はまだたくさんある。人々の物質的生活水準の向上はどの程度彼らの幸福を増大させるのか？　快楽への適応——快楽の足踏み車としても知られているもの——は、ひとたび人々の基本的ニーズが満たされれば、物質的生活水準のさらなる向上は幸福にほとんど影響を及ぼさないということを意味するのか？　功利主義者にとって、これらの問題はすべて重要だ。もしわれわれが世界の中の善を最大化すべきならば、その善とは何か、またそれをいかにして増大させるかを知る必要がある。

第4章　反　論

功利主義はわれわれに不道徳に行為せよと言うのだろうか？

フョードル・ドストエフスキーの『カラマーゾフの兄弟』で、イヴァンは弟のアリョーシャにこう言って挑戦する。

「最終的に人々を幸福にして、人々に平和と安息を与えるという目的で、君が人間の宿命の基本構造を創造していると想像してみよう。だがそれにはたった一人の小さな生き物――たとえば自分のこぶしで胸を叩いているあの赤ん坊――を折檻して死なせ、無辜の者が涙するさまを目の当たりにすることが必須かつ不可避だとする。君はこの条件で、こうした制度の設計者になろうと同意するか？　言ってくれ、本当のことを」

イヴァンの挑戦は功利主義に対する有名な反論となった。ドストエフスキーの反論の構造をもっと形式的に論ずることで、何が問題かが明確になるかもしれない。

前提1：もし功利主義が正しいなら、それはわれわれに何が正当で何が不正かを正しく教えてくれるだろう。
前提2：功利主義によると、無辜の赤ん坊を折檻して死なせることが、われわれにできる他の何よりもよい帰結をもたらすならば、無辜の赤ん坊を折檻して死なせることは正しいことになる。
前提3：無辜の赤ん坊を折檻死させることは常に不正である。

よって、

結論：功利主義は偽である。

この基本構造は第二、第三の前提として言及される内容を変えて、多くの功利主義への反論に適用される。功利主義者たち、あるいは少なくとも道徳的判断とそれを含む理論の真偽を語ろうとする者は、第一の前提を受け入れ、もしすべての前提が真なら、この結論に至るということを否定できない。(道徳的判断に真や偽という性質が適用されると考えない功利主義者たちは、この議論を何が真かではなく、われわれが何を是認または否認するかという問題としてこの議論を言い換えることが必要になる。)したがって、功利主義の擁護は、功利主義が当の行為を行えと述べることを否定する(第二の前提の否定)か、あるいは当の行為が常に不正であることを否定する(第三の前提の否定)かのどちらかを必要とする。第二の前提を拒否するためのある一つの重要な戦略——すなわち、個々の行為がその帰結によって直接評価されるのではなく、むしろその遵守が最善の帰結をもたらすような、ある道徳規則に合致しているか否かによって評価されるように功利主義を修正する戦略――については第5章に譲る。したがって本章では、私たちが序文で規定したような標準形態の功利主義が、寄せられた反論に応えられるかどうかを検討しよう。

『カラマーゾフの兄弟』で、アリョーシャはイヴァンの挑戦におとなしく屈し、静かにこう述べる。「いや、僕は同意しない」と。アリョーシャがもっと抵抗を見せたなら、この小説はもっと哲学的緊張を孕んだものとなったことだろう。そうしたら対話はこう続いたかもしれない。

イヴァン：「最終的に人々を幸福にして、人々に平和と安息を与えるという目的で、君が人間の宿命の基本構造を創造していると想像してみよう。だがそれにはたった一人の小さな生き物――たとえば自分のこぶしで胸を叩いているあの赤ん坊――を折檻して死なせ、無辜の者が涙するさまを目の当たりにすることが必須かつ不可避だとする。君はこの条件で、こうした制度の設計者になろうと同意するか？　言ってくれ、本当のことを」

アリョーシャ：「だがイヴァン、あの赤ん坊を折檻することがどういうふうにして君の述べる平和で幸福な世界の実現に通じるというんだ？　君はそこのところを僕に説明しなければならない。なぜなら、そうしないと君は僕に不可能なことを想像しろと言っていることになるからだ。また君は、君と僕が住むこの世界で、赤ん坊を折檻することが何の善も全くもたらさないことをよく知っている。そんなことは苦痛と苦悩と死をもたらし得るのみで、もちろん不正だ」

イヴァン：「それは仮説的な例だ。赤ん坊を折檻することが、どのようにしてより良い世界をもたらすかを説明する必要は僕にはない。ただそうだと想像してみるんだ」

アリョーシャ：「なあ、イヴァン、君の質問がわれわれが暮らすこの世界と何の関係もないなら、僕の答えもこの世界と何の関係もないことになる。だから僕はこう答えよう。ああ、君が述べた条件の下で普遍的平和と幸福の素晴らしい世界の建築者になることに僕は同意する。だがこの点は覚えていてくれ。僕の答えはこの現実世界で何をするのが正しいかに対して何の含意も**持たない**、と」

イヴァン：「アリョーシャ、君は何を言っているんだ？　君は赤ん坊を折檻死させること――そこにいる赤ん坊のように、罪のない子をだ――が常に不正だってことには、もちろん同意するだろう！　君にそんなことができるなんて、僕には信じられない」

アリョーシャ：「僕にそんなことができないと君が言うのはおそらく正しい。君も知るとおり、僕は心優しい人間だ。僕の性格、幼い子どもたちへの僕の共感、僕がどんな暴力行為も嫌悪すること、これらは暴力が害をなす世界でかたちづくられてきたものだ。またこの世界でこういう性格は僕のためになってくれたし、愛する兄さん、君を含めた僕の周囲の人たちのためにもなってきた。だからこそわれわれは優しさを育み、賞賛し、誰に対しても折檻、とりわけ幼な子の折檻を考えるだけでも嫌悪の念をもって対応するよう奨励する。そんな行為のことを考えるだけで僕は恐怖に身震いする。だが、君は僕にそれが**できるか**とは聞かなかった。君は、君が指定した仮定的条件――僕にはまだ現実的なかたちで想像することすらできない条件だ――の下、君が述べたユートピアの建築士になることに僕が**同意するか**、と聞いたんだ。僕はそれをそうすることが正しいと思うかを聞く別の仕方と理解した。僕の人間性の一番深い部分が幼な子の折檻を考えただけで恐怖にたじろぎ、魂の底からこんなにもおぞましい行為を嫌悪する叫び声が上がってくるというのに、それでもなお、この——僕の言うことを誤解しないでくれよ、イヴァン——われわれが生き、息をして、愛し、行為するこの現実の世界とはなんら関係の**ない**仮説的条件の下でなら、僕はそうするのが正しいと信ずるんだ」

アリョーシャの応答には説得力がある。直観的な反応を現実の世界の中で形成してきたわれわれが、まったく異なった世界においては最善の帰結をもたらす行為に嫌悪感を抱くというのは驚くべきことではない。この嫌悪感は、こうした行為がもたらす善が悪の量を否定の余地なく上回る想像世界においてさえも、そうした行為は不正であると考えるべき十分な理由にはならない。

イヴァンは現実世界において子どもを折檻することが自分の述べるような帰結をもたらしうると証明しようとはしない。哲学者の中には、功利主義者にとって厄介な、もっと起こりそうな例を提案する者もいる。H・J・マクロスキーはアメリカ南部で依然としてリンチが頻発していた一九五七年に、白人女性がレイプされた事件後の、ある街の保安官のことを想像した。怒れる白人暴徒はアフリカ系アメリカ人たちを攻撃しようとしており、おそらくは数名をリンチするだろう。もし保安官が一人のアフリカ系アメリカ人を無実の罪で逮捕すれば、白人暴徒は彼一人をリンチして、一人の無辜の命が失われるだけで済む。それこそ功利主義者が全力でしようとしていることに他ならない、とマクロスキーは述べる。またマクロスキーは、保安官がそうすることは明らかに不正と考えている。

同様のジレンマのもっと現代版はわれわれに、ある外科医が患者に非常に難しい手術を行おうとしているところを想像せよ、と求める。その病院には臓器移植を受けない限りまもなく死亡する患者が四人いることを医師は知る。一人は心臓、もう一人は肝臓、あと二人は腎臓を必要としている。医師がこれから手術しようとしている患者は、これら四人にとって完璧なドナーになるだろう。この外科医にはこの困難な手術を成功裏に行う能力があるが、もしこの患者が死亡しても、誰も驚きはしないし、その死の捜査究明が必要だと思う者もいないだろう。この外科医はこの患者が死亡するようなかたちで手術を行うべきだろうか。そうすれば彼の臓器が四人の命を救うことになる。

双方のケースにおいて——イヴァンがアリョーシャに挑んだケースとは対照的に——何が正当かに関するわれわれの通常の理解とは対照的な行為がどのように複数の生命を救うかがわれわれには理解できる。しかし、無実の者にぬれぎぬを着せたり殺害したりすることを考える功利主義者は、関連する事実すべてについて高いレベルの信頼を持つ必要がある。また、実際には、そのレベルの信頼は正当化困難だろう。そのレイピストがやがて告白して無実の者にぬれぎぬを着せたことを暴露しないと、保安官にはどうしたらわかるのか。外科医は患者の好都合な死が疑惑を招かないと、本当に確信できるのか。移植は成功するのか。またこの患者たちの命を救う他の手立ては本当に存在しないのか。双方の状況で、信頼される立場にある人物が、可能な限り最も重大な意味で、彼ないし彼女の役割に伴う義務と期待を侵害したことが公に知られることで、より広範な、有害な結果が生じうる。もしその街の人種差別主義者の白人の大多数が保安官を信頼することをやめたら、自分たちが「正義」と考えるものを担保する手段として、彼らが集団リンチにもっと頼るようになる可能性がある。外科医が他の患者の利益のために自分を殺すかもしれないと患者たちが知ったら、彼らは病院を避け、おそらくその結果死亡する者も出るだろう。したがって、ごくわずかな発覚のリスクですら、無辜の人物にぬれぎぬを着せる保安官や患者を殺害する外科医にとって、決定的に不利な要因となるには十分だろう。

本章の最初に設定した議論の構造について言うと、ここでの功利主義の戦略は前提2を全面的に拒絶するものではない。功利主義者は、保安官が無実の者にぬれぎぬを着せること、あるいは外科医がちゃんと回復していたはずの患者を意図的に殺害することが正しい状況は、およそ考えられないとは主張できない。その代わり、こうした状況は起こりそうにない、と功利主義者は主張できる。もし期待に反して、われわれがこうした状況に置かれたとしたら、功利主義者は前提3に挑み、その行為は不正ではないと主張するだろう。もしそれがわれわれの直観と対立するなら、その理由はわれわれの直観が、われわれが遭遇しやすい状況に対応するよう進化したからだ。グリーンのカメラの比喩を想起しよう(第2章)。われわれの直観はオートフォーカスモード、特殊な状況におけるわれわれの功利主義的判断はマニュアルモードである――また、こうした仮説的状況は実際きわめて特殊なのだ。

こうした対応は、ある種の行為は明確に不正なので想定してはならない、と考える人たちを満足させない。二〇〇一年に亡くなった、イギリスの道徳哲学者で、ローマカトリック教徒で、功利主義の執拗な批判者だったエリザベス・アンスコムは、「もし誰かが**前もって**、司法による無辜の者の死刑執行に至るような行為が考慮から除外されるべきかどうかは疑問だと本当に考えるなら、私は彼と論争したくない。彼は堕落した心性を露わにしているのだ」と書いた。アンスコムには無辜の人物の生命を意図的に奪うのは常に不正だと主張する彼女なりの理由があるのだが、哲学者として、彼女は自らの倫理的見解を擁護するために自らの宗教的確信に依拠することはできない。おそらくそのことが、彼女が何の主張も提示せず、われわれが共有していると彼女が前提する直観に訴える理由だろう。われわれはそうした直観を共有しているかもしれない。しかしすでに見たように、こうした直観の存在は、それらが真の、あるいは正当化可能な道徳原理の信頼できる尺度だと考えるべき理由とならないような仕方で説明できる。

効用の測定

もし功利主義が最善の結果をもたらすことをせよとわれわれに告げるなら、また「最善の結果」が不幸に対する幸福の、あるいは苦痛に対する快の、可能な限り最大の超過を意味するなら、われわれはこうした心理的状態の量を測定することが可能でなければならないように思われる。しかしたとえ一人の人物だけに絞っても——たとえば私自身のことだけを考えるとするが——私は今日の私の幸福を測定できないし、たとえば今日の私は去年の今日より二・六倍幸福だと言うこともできない。効用の個人間比較はさらに困難だ。次の週末、私は配偶者とハイキングに出かけることができるが、そうしたらわれわれ二人にとって楽しい一日になるだろうし、同時にそうすることはわれわれの健康を保つのに役立つだろう。あるいは私は歳取った祖母の許を訪問することもできる。そうすれば一人ぼっちの祖母はたいそう喜ぶだろう。どちらが効用を最も増加させるだろう？　どうしたらわかるのか？

社会政策決定は同様な問題を提起する。公共交通ダイヤの変更によって人口の九十パーセントが少しだけ幸福になるが十パーセントははるかに幸福でなくなる。われわれはそれを支持すべきだろうか？　この問題に完璧に答えるには、十パーセントのウェルビーイングの削減が九十パーセントのウェルビーイングの増加よりも九倍以上大きいと、何らかの方法で概算することが必要になる。われわれはそうした比較を行う方法を持ち合わせていない。

幸福測定の方法追求は新しい問題ではない。一八八一年に、シジウィックの弟子で経済学に重大な貢献を行ったF・Y・エッジワースは、『数理心理学』を出版した。同書で彼は快楽メーター――人が経験する快楽の強さを測定する器具――を想像した。この測定を有用にするためには計量単位が必要だ。エッジワースはそうした単位は以下のようなかたちで見出しうると考えた。われわれが二つの異なる快、AとBを比較していると想像しよう。われわれは両者が同等に快いと判断したため、どちらかを優先しようとはしない。もし快Aが増加して快Bとの差異を識別できるほどになったら、われわれは快が一単位増加したと言うことができる。このように、計量単位は快の「知覚しうる限りの最小の増加 just perceivable-increment」であることになる。エッジワースは、ある任意の個人にとって、これは経時的に一定だと主張する。彼はさらに進んで、「感覚を持ついかなる生物によっていつ経験されるのであれ、知覚しうる限りの最小の快の増加はどれも同じ価値を持つ」とまで大胆に示唆した。この点が受け入れられれば、あとは単なる算数の問題で、ある行為や政策が正か不正かを決定するためには、増加分に、影響を受ける感覚を持つ生物の数を掛け合わせればよいことになる。

エッジワースが快楽メーターを想像してから一世紀以上、幸福の計量という作業は実際的でないとして放棄されてきた。しかし、近年、それへの関心が復活している。経済学における人間の合理性の前提に挑戦してノーベル経済学賞を受賞した心理学者ダニエル・カーネマンは、被験ボランティアを募り、無作為間隔で、その瞬間にその人の経験がどれだけポジティヴかを測る尺度上の数字を携帯電話に入力させた。そのデータは、ある個人、たとえばエマが、違った時間にどれほど幸福かを比較するのに利用できる。しかしそれは、エマが尺度の最大値を入力する時、自分の経験を尺度の真ん中よりも少しだけ上に位置付けたミキよりも彼女が幸福だと述べる根拠をわれわれに与えない。われわれはこの数値を、エマはこれまでにないほど幸福で、他方、ミキは今よりもっとずっと幸福だったという証拠として取り扱える。それでもなお、一杯になった小さな瓶の中身が半分空になった大きな瓶よりも少ないのと同じように、ミキの幸福の容量はエマのそれをはるかに超えるかもしれないし、ミキが真ん中よりも少し幸福とする心の状態は、エマが尺度表の最大値とする心の状態よりももっと幸福かもしれない。

健康経済学者はヘルスケア上の介入の利益を比較し、どの介入に国のヘルスケア予算を投入すべきかの指針を与えるために、別の尺度を用いてきた。この分野で最も一般的に用いられる測定単位は、質によって補正された寿命 quality-adjusted life-year、すなわちQALYだ。この発想は、ヘルスケアによって達成される一つの善は長い寿命だが、ベッドに拘束された一年は通常の健康な一年ほど善くはない、というものだ。それがどれほど善さにおいて劣るかを知るため、研究者たちは人々にさまざまなかたちで健康の損なわれた自分の姿を想像するよう依頼し、それからその損傷を治癒するために何年分の人生を断念できるかと尋ねる。あなたが四肢麻痺で余命が二十年だとしてみよう。あなたの通常の健康と可動性を回復させるが、余命を五年に削減する新たな治療法を医師が提案する。あなたはよくよく考えてその治療を受けないことに決める。すると医師が戻ってきてこう述べる。「新たな調査研究の結果、この治療後の余命は十五年であると判明しました。」あなたは治療を受けることに同意する。あなたの損益分岐点、すなわちその治療を受けるか受けないかについて明確な判断ができなくなる地点はどこだろう、と、われわれは尋ねるかもしれない。計算を簡単にするため、それは余命十年だとしてみよう。すると、あなたは四肢麻痺を治癒するために余命の半分を断念するにやぶさかでないが、それ以上ではない、ということになり、よってあなたは四肢麻痺で生きる人生の一年は通常の健康な人生の半年分にしか相当しない、とみなしていることになる。あなたの損益分岐点がどこであったとしても、これによって、余命を延ばすことと四肢麻痺を克服することのような、まったく異なった物事の価値を研究者たちが比較することが可能になる。カーネマンの尺度とは対照的に、QALYは足し算も引き算も掛け算も割り算も可能だ。それは依然として、ある人物の健康な一年が別の人物の一年と同じだけのウェルビーイングをもたらすか否かを語りはしないが、しかし政策計画の目的のためには、ベンサムが述べたように、「この国のすべての個人が一人として数えられ、いかなる個人も一人以上とは数えられない」と前提されているのだ。

QALYが基盤とする証拠には問題がありうる。たとえば、われわれが四肢麻痺の人生をどう評価するかを知りたいなら、われわれは一般大衆の成員に、自分が四肢麻痺だったらと想像するよう求め、それから治癒と余命のトレードオフをどうするか彼らに尋ねるべきなのだろうか。それとも四肢麻痺の人々に尋ねるべきなのだろうか。もし後者だとしたら、われわれはつい最近四肢麻痺になった人に尋ねるべきだろうか、それとも長年四肢麻痺でいる人々に尋ねるべきなのだろうか。健康な人々はべッドに拘束される人生がどんなものかに関して歪んだ考えしか持たないかもしれない。また、長年四肢麻痺でいる者が人生への期待を下方修正して、こうした状態になる前の人生がどれほどよかったかを忘れてしまっているということもありうる。それでもなお、われわれが資源の配分に関する決定を避けられないことを前提とすると、ＱＡＬＹを用いる方が、異なった健康管理手続きを通じて得られる利益を計量しようとする試みを放棄するよりも良いように思われる。いずれにせよ、それが〈連合王国国立医療技術評価機構〉のような、ヘルスケア資源の配分に関する勧告を行う際にＱＡＬＹｓを用いる政府機関の見解だ。

われわれが効用の個人間比較をすることがそもそも可能かどうかは不明瞭だ。有史以来初めて、神経科学の進歩によって、今やわれわれは誰かが快あるいは苦痛を経験しているか否かを明らかにする脳内の活動を観察することができる。しかし、脳の活動を対象者が経験している快ないし苦痛の強さと、より正確に関連づけることができるようになったとしても、異なった人によって同様の脳の状態が同様に強い快ないし苦痛として経験されるか否かは、われわれにはわからないままだろう。

しかしながら、もしわれわれが効用を計測する方法を持たないとしても、そのことは功利主義者だけに限られた問題ではない。他の道徳理論もわれわれが従うべき規則を提示するかもしれないが、しかしそうした規則は決定されない行動領域を残すのが常だ。誰もが、功利主義者であろうとなかろうと、自分の選択によって影響される人々の幸福や不幸を無視するのが不正な要素になるような決定を行わなければならない。そうした状況で、われわれはしばしば自分の決定のおおよその影響を大雑把に計算しようと試みる。今週末に訪問しなかったら、おばあちゃんはどれくらい気にするだろう。ハイキングに出かけたら得たであろう新鮮な空気、運動、達成感を得なかったせいで、私たちは今週じゅう不快を感じるのだろうか。功利主義者たちは、他の誰もと同じように、時には間違った答えをするが、しかし可能な限り適切な情報を収集しようという真正の努力をするならば、そしてまたその証拠に基づいて、可能な限り最善の判断に到達しようとするならば、その判断が間違っていたことが判明したとしても、非難されるべきではない。

ベンサム自身、われわれが厳格な功利主義の遵守が要請する計算を常に行えるわけではないということを認識していた。特定の政策のコストと利益を総計する過程について、彼は「この過程が、全ての道徳判断あるいはあらゆる立法あるいは司法の活動に前もって厳格に追求されるべきだ、と期待するものではない」と記している。われわれはそれを視界に入れるべきであり、それに近づけば近づくほどわれわれの判断はますます的確になる、と彼は考えた。

効用測定の疑問の余地のない困難さにもかかわらず、どの行為が最善の帰結をもたらすと期待できるかが十分明白な状況は多々ある。しばしばそうした状況で、われわれは慣習的な道徳規則がそうするよう求めることをすることによって、効用を最大化する。もし誰かが私に最寄りの鉄道駅にどうやったら着けるかと尋ねて、私がその答えを知っているとすると、おそらく私は、彼女にまったく返事をしないとか嘘を言うとかするよりも、彼女が求める情報を提供することで効用を最大化するだろう。通常、人々を助けることは、彼らに危害を与えるよりは善をなす。しかしながら、他の分野では、第6章の功利主義の適用で見るように、功利主義者は確固たる理由に基づいて慣習的道徳規則に挑戦するのである。

功利主義はあまりに多くを要求しすぎだろうか？

伝統的道徳は、われわれが何をすべきでないかを告げる一連の道徳規則に基づいているのが普通だ。すなわち、われわれは殺してはならない、盗んではならない、嘘をついてはならない、等々だ。日常生活で、こうした規則に従うのは格別難しいことではないし、われわれは道徳規則を侵犯しない限り、道徳的に要求されることはすべて行っていると信じがちだ。それと対照的に、功利主義者はこうした消極的規則に従って生きる人生を、道徳の要求を充足するものとはみなさない。功利主義原理はわれわれに最善の帰結をもたらすことをせよと要求する。どうしたらそれを最善のかたちで行えるかは、われわれの置かれた状況によって変化する。しかし他の人が悲惨な貧困にあえいでいる時に、われわれが贅沢品に金を使っているなら、われわれは彼らを助けるべきだと思われる。また、われわれがこれ以上与えたら、助けている人の利益となるのと同じくらい、自分自身に危害を与えることになる時点に到達するまで、どれほどの助力をすべきかの限度を見出すのも困難だ。このような道徳はきわめて多くを要求しすぎであるように思われる。

一つの例。あなたはロンドンに住んでいる。今は二月で、あなたはじめじめした灰色の天気にうんざりしている。あなたはモロッコでの冬の休暇の広告を見かける。あなたはそれを楽しむことだろう。だが最初にあなたは、自分の金でどれほどの善をなしうるかをチェックする。発展途上国の貧困者を支援する費用効率的な慈善を勧める〈あなたが救える命〉という団体は、効果計算のできるウェブサイトを持っている。あなたは休暇の価格を入力し、何らかの慈善事業を選択する。太陽の下で過ごす一週間の値段で、六百人の人々を平均三年間にわたりマラリアから保護することができる。あるいは、支援がなければ視力を失う四十人の人々の視力を守ることができる。休暇を取ることは、こうした慈善の一つに寄付するほどの善をなさない。したがって功利主義者は、あなたが冬休みを取ることは正当化できないと述べる。同様の基準で、グルメレストランでの晩餐から、違った格好がしたいという理由ゆえに新しい服を買うことに至る、人々がたいした考えなしにお金を使う他の多くの物事も許容できないことになってしまう。またそれは金銭だけの問題でもない。あなたは友人とおしゃべりして時間をこんなに使うよりも、善行をなす団体のためボランティアをすべきなのではないか？

道徳とは本当にこれほど多くを要求するものでありうるだろうか？　あるいはそれゆえに功利主義は、誰かが主張したように、生身の人間よりも聖人のための道徳になるのではないか？

功利主義者たちは自分たちの理論の厳格さを柔軟にしようとすることができる。休日なしには、われわれの仕事の効率は下がるだろう。われわれが常に、休むことなく善行をなそうとして、友人と家族と一緒にそれを行おうとし続けるなら、われわれは燃え尽きるリスクを冒していることになるし、それゆえ長い目で見れば、善を行っていないことになる。だからおそらくわれわれは当初思われたほど自分に対して厳しくする必要はない。だが、それでもなお、われわれが正直であるなら、われわれのほとんどは可能な限り最大の善を行っているわけではないことを認めるだろう。

功利主義者たちはもっと強硬な対応をとることもできる。彼らはある理論があまりに多くを要求しすぎることがそれを拒絶する理由になることを否定できるのだ。あまりに多くを要求しすぎることは、それ自体としては道徳理論の特徴でなく、特定の特徴を備えた世界の中の、特定の性質を持った存在に適用された道徳理論の特徴である。極端な富や貧困が存在しない、孤立した部族コミュニティの世界の中では、功利主義はあまりに多くを要求しすぎるものにはならない。幅広い贅沢な品物を享受する富裕な人々と極端な貧困の中で暮らす人々がともに多く、富裕層が貧困層を支援できる効果的なチャンネルがある世界では、功利主義者はより多くを要求するようになる。そうした場合でさえ、富裕層の全員ないしほとんどの者が、極端な貧困にある人々を支援するために自分たちの資源のわずか一部だけでも寄付していたならば、功利主義者たちはそれほど多くを要求はしないだろう。なぜなら極貧層の人々のほとんどの重要なニーズは満たされているだろうし、さらなる財の移転が全体の効用を増加させるか否かは明白ではないだろうから。ほとんどの富裕層の者が、極貧層の人々を支援するために重要なことを何もしない場合に限って、功利主義はその指示に従おうとする人々に対してきわめて多くのことを要求するようになる。化石燃料と、富裕層の人々の大部分が依存している肉ベースの食生活とが、温室効果ガス排出をどれだけ増大させているかに関する事実をさらに付け加えるならば、功利主義はさらにもっと多くを要求するようになる(とはいえ、他の説得力ある倫理学でもそうするだろう)。

今日の富裕層の人々は功利主義がきわめて多くを要求するような世界で暮らしているとして、また彼らのうちに聖人はほぼ皆無だとしたなら、彼らのほとんどは自らの義務を果たしていないことになるだろう。自らの義務を果たさずに暮らすことに対する伝統的な対応は非難であり、自分の行うべきことをしていないことに罪の意識を覚えるという期待が伴う。とはいえ功利主義は賞賛と非難について異なったアプローチを取る。功利主義的アプローチの鍵になるのは、「われわれは何をすべきか？」

と「われわれは人々が何をしたら賞賛し、あるいは非難すべきなのか?」は別の問題だという点だ。誰かを賞賛する、あるいは非難するということは一つの行為であり、その帰結に基づいた評価を受けねばならない。ある友人が、効果の高いものをよくよく吟味した上で、収入の十パーセントを慈善に寄付したと想像してみよう。だがあなたは、彼女はもっと寄付することができ、もっと安価な洋服をもっと少なく買えば、もっと多くの善行をなすことができることを知っている。あなたは彼女ができる限り多くの善行をしないことで彼女を非難すべきだろうか? 慈善のために収入の十パーセント近くを寄付する人がごく少ない社会では、それは確実に非生産的だろう。彼女は寄付する気を削がれるだけだろうし、また、収入の十パーセントを寄付してもまだもっと出せたはずと非難されるなら、寄付をほとんどあるいはまったくしない人々は寄付をする気をなくすことだろう。われわれは社会の倫理的生き方の水準を向上させたい。そして水準以上に寄付を行っている人々を賞賛することは、その方法の一つなのだ。

賞賛と非難は異なった程度で行われるし、われわれは現在の標準的な人よりもどれくらい上か下かに応じて賞賛と非難を変化させることができる。であるならば、賞賛と非難だけでなく、功利主義者が行うすべての倫理的判断についても同じようにしてはどうだろうか? 倫理学において、われわれは正不正の間の単純な選択ではなく、むしろ選択の幅を持っており、そのうちのあるものは他よりもよいのだと功利主義者は認めた方がよいのではないか? この見解はアラステア・ノークロスが命名した「スカラー功利主義」として知られる。それは、行為は「それが幸福を推進する程度に応じて正しく、幸福の反対をもたらす程度に応じて不正である」というジョン・スチュアート・ミルの功利主義の定義の用語法によって示唆されたものだ。しかし、比較的最近まで、この定義によれば行為は「より多く正 more right」だったり「より少なく正 less right」だったりするということが可能だ、という示唆に誰もほとんど注目してこなかった。

スカラー説は、極度の貧困にある人々のためにわれわれはどこまですべきかという問題にぴたりと当てはまる。なぜならわれわれはどれだけ与えるかを漸増させられるのだし、ある時点で、あと一ペニー余計に与えれば、不正に行為するのではなく正しいことを行っていることになる、と言うのは逆説的だからだ。おそらくわれわれは、正と不正という観念や、義務を果たすか果たさないかといった観念を捨てるべきなのだろう。その代わりに、われわれの与える量が増えれば増えるほどわれわれの行為はよりよくなる、と言うべきではないか？ 確かに、ある行為は正か不正であるとする観念は、内在的価値の最大化に基づく道徳よりも、規則への服従に基づく道徳の方に合致する。それでもなお、正と不正という概念は、われわれの倫理についての考え方の中にあまりにも深く埋め込まれているから、捨て去るのは困難だろう。少なくとも賞賛と非難の使用によって部分的にこの問題を解決することができるとしても、もっとラディカルな修正を試みるに値するかどうかはわれわれにとって明らかでない。

功利主義はわれわれの特別の義務を無視するのか？

三人の子どもたちが巨大な波によって海中に押し流された。私の左にそのうちの二人が見える。私は泳ぎが達者で二人とも救助できる。三人目の子どもは私の右にいる。もし私が彼女を救助したら、残る二人は溺死する。一人ではなく二人を救助するのが効用を最大化する方法だ。しかしこの一人は私の娘なのだ。功利主義が私に、二人を助けて娘を溺れ死なせよと命ずるなら、それは親が子に対して持つ特別な義務を無視することにはならないか？　もし功利主義者たちが常に公平に見た善を最大化させるとするなら、彼らは親、配偶者、そして友人として欠陥を持っていることになりそうだ。
『政治的正義の探究』の著者で、ジェレミー・ベンサムの同時代人だったウィリアム・ゴドウィンは、効用の最大化は親密な家族関係に優先するという見解を擁護した数少ない功利主義者の一人だ。有名な文章の中で、ゴドウィンは燃えさかる建物に閉じ込められた二人のうち、フェヌロン大司教(十七世紀末から十八世紀初頭の著名な作家)かその女中の一人だけを救助できる状況を想像している。ゴドウィンはフェヌロン大司教を救助すべきだと主張する。なぜならそうすることで、彼の作品を読んで「誤り、悪徳とその帰結としての不幸」から救われる何千もの人々を助けることになるから、というのだ。ゴドウィンは続けてこう述べる。

その女中が私の妻、母、あるいは恩人だったとしてみよう。そのことはこの命題が真理であることを変えない。それでもフェヌロンの命は女中の命よりも価値があるのだ。そして、正義――純粋で、まじりけのない正義――は、最も価値あるものを選び取るのである。正義は他の者を犠牲にしてもフェヌロンの命を救えと私に告げるだろう。「私の」という言葉のどこに、永遠不変の真理の決定を覆す魔法の力があるというのか？

ゴドウィンはこの見解ゆえに大いに批判された。また彼自身も、メアリー・ウルストンクラフトとの関係(それは彼らの娘、後に『フランケンシュタイン』を書くことになるメアリー・ウルストンクラフト・シェリーを出産した後、彼女の悲劇的な死により終末を迎えた)の結果、不公平さをもっと受け入れるようになった。そうした愛着は、われわれ自身の幸福の源泉であるだけでなく、われわれの感性を燃え立たせ、また、われわれを「見知らぬ他人と公共にもっと役立つよう促す」と彼は記した。一旦そうした関係性に入ってしまうと、「われわれが最も親密に知っており、その福利と共感が自分自身に結びついている人々に対して最も強い関心を覚えずにいることは不可能である。」こうした関係は、自分の愛する者と他人との間での不偏性を不可能にするだろう。

親子関係、家族の成員間、あるいは親友の間であれ、われわれの愛する人々との関係についても同様のことが言えよう。親密で愛し合う家族の中の方が子どもはすくすくと成長するという証拠はたっぷりある。したがって、功利主義者たちが親たちに、子どもに対して温かく、愛に満ちて接するよう促す理由は十分ある。子どもたちは成長とともに、そうした感情を当然に返してよこし、兄弟や親友たちもお互いをえこひいきするようになるだろう。大抵の人にとって、そうした関係性はよき人生の必要な一部だ。デレク・パーフィットはそうした関係性の中で生ずる過剰な不公平さの行為を「責められない不正行為 blameless wrongdoing」と述べた。その行為は不正だが、人々がそうする動機はこうした親密な関係に伴う愛に必然的に付随するものなのであり、われわれは人々が親密な関係性を築き上げることを抑制したくはない。したがって功利主義者は、こうした動機を持ちそれに従って行動する人々を非難すべきでない。功利主義者はその一方で、見知らぬ他人により多くの善をなすために自分の子どもへのえこひいきを克服しようとする数少ない人々を賞賛することができる。〈パートナーズ・イン・ヘルス〉という団体の共同創設者であるポール・ファーマーはそうした人物の一人だ。アメリカで裕福な患者を治療して快適な生活を送っていられたはずのハーヴァード・メディカル・スクールの卒業生であった彼は、そうする代わりにハイチの田舎の貧民のための診療所を経営した。結婚して子どもが生まれると、彼は自分が治療している子どもたちよりも自分の子どもをもっと愛していることに気づき、動揺する。ファーマーの伝記を書いたトレーシー・キッダーは、自分の子どもより他人の子どもたちをもっと愛することができると考えたことだけで、ファーマーに対して批判的になる人々もいるだろうと示唆した。ファーマーはそれに答えて言った。「ご覧なさい。世界の偉大な宗教的伝統はすべて『自分自身を愛するように隣人を愛せ』と言うでしょう。私の答えは、ごめん、できません、でもそうしようとし続けます、です。」自分の子ども以外の子どもたちのことを忘れないために、ファーマーは自分の娘の写真と彼女と同じ年頃のハイチの子どもで、栄養失調に苦しむ患者の写真を携帯した。こうした態度ゆえに、ファーマーは彼の子どもにとっての最善に集中するよりもはるかに多くの善を行うことができた。もしファーマーが、自分の子どもをあまりにも愛するようになったせいで〈パートナーズ・イン・ヘルス〉での仕事を放棄していたら、それは不正をしたことになっていただろう──たとえわれわれがそのことで彼を非難すべきではないとしても。

「人格の別個性」の無視

『正義論』の中でロールズは、功利主義に到達する「最も自然な方法」は「一人の人のための合理的選択の原理を社会全体に採用することである」と述べている。一人の人にとって、将来のより大きな苦痛を防ぐために現在何らかの苦痛を受け入れることは合理的だ。しかしロールズは、功利主義者は他の人物がより大きな苦痛を経験するのを防ぐためにある人に何らかの苦痛を与えることは正当化可能だと信じて、この考え方を社会全体に移し替えている、と考える。これはロールズの信ずるところでは誤りだ。このことは「功利主義は人々の間の区別を真剣に考えない」ことを証明している。これは今や功利主義に対するおきまりの反論となった。だがこれは何を意味しようとしているのだろう？　第2章で見たように、シジウィックは個々人の区別が「現実的かつ根本的」であることを否定できなかったゆえに、またその結果利己主義を論駁できなかったまさにそのゆえに、彼の著作は失敗だと考えた。どのようなかたちで、シジウィックはこの区別を真剣に考えていなかったのだろうか？

功利主義者は、他者の利益のためにある個人にコストを課すことは正当化できると主張するが、これが真であるのは、ある個人が後の大きな苦痛よりも現在の小さな苦痛を選び取るのが合理的**だから**だ、とは主張しない。この二つは別個の主張だ。そして功利主義者と非功利主義者のいずれであっても、多くの人々は二つとも主張する。高所得の人々に対する課税と、その収入を貧しい他の人々に利益を提供するために用いることを支持する者は誰であれ、ある者の利益のために他の者にコストを課すことは時に正当化されうるということに同意しなければならない。われわれが別個の個人であるという事実と、個々人にコストと利益を課すことの正不正は別の問題だ。

この反論は、功利主義者にとって個々人は単なる快と苦痛の受容体にすぎず、それらが持ちうる価値を超えて重要性を持たない、という観念に対し向けられているものとしても理解できる。もしこれが本当に功利主義者の考え方だとすると、彼らに関心のある唯一の事柄は効用の正味の総量を最大化することだけだということになる。その者の持っていた価値が損失なしに他の個人に移転するかぎり、一人の個人の死は問題ではない。しかし功利主義者たちは、幸福を個々人とは独立に存在しうる何かであるかのように、あるいは個々人にとっての価値と切り離されて価値あるものとして、考える必要はないし、またそうすべきでもない。幸福は、それが個々人にとって善いものであるからこそ価値がある。功利主義者たちは感覚を持つあらゆる生き物を別個の経験主体として尊重できるし、またそうするべきだ。したがって個人が死亡し、あるいは苦痛を被るときには、たとえその死や苦痛の結果、幸福の総量が増加し、それゆえ諸個人全体としてはより善いことであったとしても、何かしらの悲しむべきことが存在する。したがって「人格の別個性」の反論は、一部の功利主義者が価値についてとるかもしれない一つの考え方だが、価値に関するこうした考え方は誤っており、功利主義それ自体に影響しない。

われわれはこの反論を、個々人の別個性を真剣に考えれば、その一人一人に起こりうる良いことや悪いことの合計を積算することはできない、と主張するものと理解することもできる。これはすでに論じた個人間の効用比較の問題とも関連するが、別個の人々の間のコストと利益の総量を総計することを拒絶する理由にはならない。パーフィットはこの見解を、われわれが地震で崩壊した建物で生存者を捜索していると想像するように求めることによって論駁する。その例によると、われわれは瓦礫に埋もれたAとBの二人を見つけた。二人とも意識はないが、生きている。AとBの二人とも助ける唯一の方法は、コンクリート片を押しのけるとそれがBのつま先上に落ちることになる場合だけだ。

そうしないと、Bを無傷で救助できるが、Aは死亡する。他者の利益のためにある人物にコストを課すことは絶対に正当化できないと主張する人々は、われわれはAを死なせなければならないと言わねばならない。だがそれが正しい結論でないのは確かだ。個々人が別個の存在であるという事実は、われわれが異なった個人に対する自分の行為のコストと利益を比較考量することを妨げるものではない。

われわれが考察する「人格の別個性」の反論の変形版の最後は、ある者を他の者の利益のための手段として取り扱うことは常に不正であるとするカントの主張に基づくものだ。Bに加えられる危害はAを救助することの意図せざる副作用であり、その目的のための手段ではないから、この原理に基づいて、カント主義者はBのつま先に落ちるはずのコンクリート片を押しやることを許容することができる。しかし、このコンクリートを動かす唯一の方法が、Bのつま先が折れるような強さで、それを意識のないBの足に叩きつけることだったとしてみよう。するとわれわれはAを救助するための手段としてBを使っていることになる。だが、そうしないとAが死亡し、Bはつま先を骨折するだけだとすると、Bをそうした仕方で利用することをわれわれは不正だとは考えない。

効用の分配

世界にA、B、Cの三人しか存在しないとして、効用の分配の可能性は二つしかないとしてみよう。すなわち次の二つだ。

（1）　A：五単位　B：五単位　C：五単位

(2) A：十五単位　B：一単位　C：〇単位

効用の総計が大きいから、功利主義者は第二の配分をよりよいとみなす。このことが功利主義への反論になると考える者もいる。そうだろうか。分配される単位をお金だと考えると、(2)よりも(1)を選ぶ理由は十分ある。一単位が千ドルだとしてみよう。一般的に言って、誰かがより多くのお金を持つと、一ドル増す毎の効用は小さくなると思われる。するとAから千ドル取ってCに与えることはAの効用をごくわずかしか減少させないだろうが、Cの効用は大いに増大するだろう。しかし前記の分配の数字は収入や個々人の効用を増加させる他の物質的手段を表すから、この「限界効用逓減の法則」として知られる法則は、この数字に至る際にすでに考慮済みに違いない。したがってわれわれは、Aから一単位の効用を取ってCに与えることは、それがCの効用を増加させるのと同じくらいAの効用を減少させると仮定しなければならない。同じ理由で、これらの数字はBとCがAに対して抱く嫉妬を考慮していないという理由で二番目の分配を拒否すべきではない。彼らがAに対する嫉妬に苦しむなら、そのことはすでにこの数字の中で考慮済みで、二番目の幸福の総量が一番目の総量よりも大きいということはやはり真なのだ。

限界効用逓減の法則は、より平等な社会はより不平等な社会よりもよいという広く保持される信念を支持する。われわれが住むこの世界では所得の分配はきわめて不平等だ。それゆえ功利主義者は、不平等の削減が全体的な生産性を削減し、その結果、生産性の削減による効用損失が所得の再分配によって得られる利益を上まわることにならない限り、不平等を削減する行為を支持すべきだ。それでもなお平等主義者たちは、現在の状況においてわれわれが何をすべきかに関するこの重要な合意にもかかわらず、より多くの平等を求める功利主義的理由は帰結から独立した内在的価値としての平等を適切に重視していない、と感ずるかもしれない。

功利主義者は平等に内在的価値があると考えない点で平等主義者と異なる。たとえば、現在の幸福の分配が次のようだとしてみよう。

(3)　A：十単位　B：四単位　C：四単位

また、われわれには以下のような分配に至る変更を行う選択肢がある。

(4)　A：三単位　B：三単位　C：三単位

全員(4)よりも(3)でいた方がよい。だが(4)は平等主義社会であり、(3)はそうではない。平等主義者は(4)が(3)よりもよいと主張する必要はない。確かに平等は内在的価値だが、幸福もそうであり、この場合幸福の損失が平等の増加を上まわると彼らは述べるかもしれない。しかし平等主義者は、(4)の平等主義的性質がそれを選好する理由になり、また平等の価値は、平等主義社会がそれほど平等でない社会よりも望ましいということを意味する場合がある――たとえ前者においては後者におけるより全員の暮らし向きが悪くなったとしても――と言わねばならない。

しかしながら、ある再分配が頂点にいる人と底辺にいる人のどちらを利するかに功利主義者は重きを置かない(より慎重に言えば、その事実に**独立した**重みを与えない。なぜならすでに見たように、功利主義者たちは限界効用逓減の法則を考慮するのだから)という事実に反対するために、人は平等主義者でなければならないということはない。福利を増大させる際、たとえそれによって効用の総計が最大化しない場合ですら、われわれは最も暮らし向きの悪い人を最優先すべきである、と主張することは可能だ。そうした見解の主張者たちは優先主義者 prioritarians と呼ばれる。彼らは誰の暮らし向きも向上させることなしに誰かの暮らし向きを悪くすることが正当でありうるという平等主義の受け入れがたい含意を拒絶することができるし、その一方で、底辺近くの人々を助けることは、暮らし向きのよい人々を助けるよりももっと重要だという、直観的に魅力ある考え方を保持することができる。パーフィットはこの見解を擁護している。

もし平等主義者と優先主義者が平等という内在的価値、あるいは最も暮らし向きの悪い者を優先するという内在的価値を反映しているなら、こうした見解の主張者たちは第3章で検討した多元主義的帰結主義の問題、すなわち「どのように他の内在的価値同士をトレードオフするか?」に直面することになる。より多くの平等に、あるいは一番暮らし向きの悪い者の地位改善に、われわれは**どれだけの**優先性を与えるべきなのか? この問題にもっと具体性を与えるために、別の分配のシナリオを考えてみよう。すなわち、

(5) A:三単位 B:二単位 C:一単位

われわれは以下のどれか一つしかできないとしよう。

A：AとBの福利を各五単位ずつ増やす。

B：Bの福利を二単位増やす。

C：Cの福利を一単位増やし、Aの福利を一単位減らす。

どれにすべきだろうか？　どの選択肢よりも福利が八単位増えるから、功利主義者はAだと言うだろう。一番暮らし向きの悪い人を助けることにきわめて高い優先順位を置く優先主義者たちはCだと言うだろう。だが、暮らし向きのよい人の利益をこれほど急激に割り引かないなら、BあるいはAだとすら言うかもしれない。問題は特定の割引率を選ぶ原理的な合理化理由が存在せず、われわれの直観がこれではなくこの率、というものを提案してくれることもない、ということだ。どのような答えに至るにせよ、いずれも心地悪いほど場当たり的に見えるのだ。

功利主義者を優先主義の立場にもっと接近させるかもしれない主張が一つある。たとえ全体の福利が減少することになっても、一番暮らし向きの悪い人を優先すべきかどうかと問われたら、優先主義者と平等主義者はイエスと言い、功利主義者はノーと言う。第2章でわれわれが見たことだが、他の同様に有能な判断者たちが私の保持する主張の真理性を否定する程度まで、その主張の真理性への私自身の信頼は減少すべきであり、またもし自分が間違っているかもしれないと思う理由が他の判断者が間違っていると思う理由と同じくらいなら、私は自分の見解と他の判断者の見解の間で中立的であるべきだ、という見解をシジウィックは主張した。中立性は理論的争点については大変結構だが、しかし人が行動しなければならない、あるいは政策提言について立場選択をしなければならないとしたらどうだろう？　功利主義者、優先主義者、平等主義者たちの間の意見の不一致を解決する決定的な主張が存在せず、これらの見解を主張する哲学者たちが同程度に有能だとすると、功利主義者はどのような分配政策に賛成すべきなのだろうか？　その答は、意見を異にする者に対してわれわれがどの立場を取るかにかかっている。優先主義者は自分たちが間違っているかもしれず、平等主義者か功利主義者のどちらかが正しいかもしれないと認めるべきだ。しかし、優先主義は功利主義と平等主義の中間的な立場だから、優先主義者は自らの立場のライヴァルであるこの両者のどちらか一方がより正しいだろうとは言えず、自分の立場に従う他にどうする理由もない。しかし、功利主義者は異なった状況にある。なぜなら功利主義と比べると、平等主義者と優先主義者の双方はより暮らし向きの悪い者への関心をもっと重視したいからだ。それゆえこの論点について自分たちは間違っているかもしれないと認める功利主義者は、より暮らし向きの悪い者の利益を、強固な実績のある異なった見解の間の一種の道徳的妥協として、ある程度余計に重視することを正当化される。これは道徳的リスクを削減する方法だ。すなわち、功利主義の立場が間違っていて、優先主義か平等主義のどちらかが正しいとすると、少なくとも功利主義者は自らの純粋に功利主義的な分配に固執したままでいるより、はるかに間違いの度合いが小さくてすむことになる。功利主義者が暮らし向きの一層悪い者をどれだけ余計に重視すべきかを判断するのは難しい。その理由は部分的には、優先主義者自身がどれだけの重みを与えるべきかについて曖昧だからだ。そしてこの曖昧さは功利主義者が取るべき妥協点にもつながってくる。

第5章　規　則

功利主義の二つの形態

あなたはヴィクトル・ユゴーの長編小説『レ・ミゼラブル』の主人公であるジャン・ヴァルジャンの話を知っているだろう。彼は飢えに苦しむ家族を救うためにパンを盗んで、その犯罪のために五年間の懲役刑を受けた。彼に同情しない人がいるだろうか？　われわれは盗みを禁ずる道徳規則moral ruleが存在することを知っており、この規則が一般に守られているのはよいことだと考えている。だがヴァルジャンが何か不正なことをしたと信ずるのは難しい。功利主義者ならばたやすくこの判断を説明できる。功利主義者は当事者たちの効用あるいはウェルビーイングを測り、自分の家族を飢え死にさせないための盗みは不正でないという結論を出すだろう。それと対照的に、もしヴァルジャンが自分でビールを一杯飲むために貧しい人から金を盗んだならば、それは不正だろう。

個々の行為をその帰結によって判断する功利主義の形態は行為功利主義として知られている。それに対する一番普通の選択肢である規則功利主義は、行為の正当化は二つの段階を持つ過程だと考える。行為は正当化された道徳規則に合致する、あるいは違反すると示すことによって、正しい、あるいは不正だと判断される。そして道徳規則は、その規則を圧倒的多数の人々が受け入れることが最善の結果をもたらすと示すことによって正当化される。

規則功利主義を取る主要な理由は、第4章で論じた、功利主義にとってやっかいな含意のいくつかを避けることだ。保安官と外科医のケースにおいて、規則功利主義者ならば、適用可能な道徳規則は「公務員は常に法に従うべし」、「医師は決して患者を意図的に害してはならない」というものだと論ずることができよう。これらの道徳規則に従うことがよい帰結をもたらすならば、保安官と外科医はそれらの規則に違反すべきでない。

規則功利主義は行為功利主義とたいへん異なる。なぜならそれは最善の帰結をもたらすであろうことを禁ずることがあるからだ。J・J・C・スマートは次のような想像例をあげる。彼がRと呼ぶ特定の道徳規則について、その規則に従うと九十九パーセントの場合、可能な限り最善の行為が生ずるとする。明らかに、行為功利主義者にとってもRは有用な指針だ。しばしばわれわれは、自分がRに従わないことによってよりよい結果をもたらすことができる残り一パーセントの状況にあるのではないか、とあまりにも性急に思い込む。これらの状況において、Rに従うことがほとんどいつでも最善の結果をもたらすと知っていることは、Rに従うべき十分な理由になる。しかしながら、われわれが十分な時間を持っていて、われわれの判断のバイアスになるものは何もなく、われわれがその規則に従わないことによってよりよい結果を達成できるという明々白々たる証拠があるとしてみよう。スマートは、われわれがその規則を破れば回避可能な災いを予防できるがそれに従えば誰にとっても何のよいこともないと想像してみよと言う。その場合、規則に従うことは規則を何かの種類の偶像にしてしまうことであり、「迷信的な規則崇拝」に陥ることになる、とスマートは言う。

スマートはよい点をついている。規則功利主義者にとって規則に従うべき主要な理由は、そうすることが通常は最善の帰結をもたらすからだ。もし長期にわたる一般的な状況の変化のため、規則に従うことがもはや最善の帰結をもたらさなくなれば、規則功利主義者はその規則を放棄するだろう。この点において、正当化できる規則に対する規則功利主義者の態度は、アンスコムのような規則絶対主義者の態度とは異なる。第4章で見たように、彼女は無辜の人物の処刑を考えてみることだけでも、腐敗した精神を示していると考えたのだった。規則功利主義者はこのような問題を進んで考慮しなければならない。そうだとすると、一般的な規則遵守が悪い帰結をもたらすような状況の変化があるならば、規則に従う方が一層悪い帰結を生むような個別的に異常な状況でさえもわれわれは規則に従い続けるべきだ、と規則功利主義者が主張するのはおかしなことだ。

この点において、規則功利主義者は規則をもっと厳密に特定することによってこの反論の力を弱めようとするかもしれない。その規則は「盗むな」であって、この規則が最善の結果をもたらさないケースの大部分は、ジャン・ヴァルジャンのように、盗みによって誰かを餓死から救うというようなきわめて重要な善をなしとげる場合だ、としてみよう。その時われわれはこの規則を改定して、「盗みによって誰かの生命を救えないならば盗むな」とするかもしれない。これは例外のいくつかにあてはまるが、他にも例外があるだろう。それは、達成される善が一人の生命の救助よりは小さいが、財産を盗まれる人はその盗みによって深刻な不利益を受けない場合だ。われわれはその場合についても例外を設けることができる。しかしもしわれわれがこのようにして規則を洗練させ続けるならば、最後には、行為功利主義者ならば盗みを行うであろうような状況の**すべて**をカバーすることになり、規則功利主義はもはや実践上は行為功利主義と変わらなくなるだろう。もしそうなるならば、規則功利主義への移行は何ももたらさない。

規則が一層詳細で個別的になっていく程度を制限することによって、規則功利主義を行為功利主義から区別することができる。ブラッド・フッカーは『理想的な掟、現実の世界』〔未邦訳〕の中で、従うべき規則は、コミュニティが現実的に内面化できるあらゆる規則の中で、内面化されると最善の帰結をもたらすものだと示唆している。規則が共同体によって内面化されるためには、それは複雑な規則がどのようにして適用されるかを考え抜くために多くの時間を費やすことがない人々が日常生活の中で適用できるくらい、十分に明白で単純なものでなければならない。それはまた子どもに教えるのに適したものでなければならない。だからこの要請は、規則の中に組み込むことのできる限定の数を制約し、かくして行為功利主義と規則功利主義を区別することになる。だがその制約はさらなる問題をひき起こす。──われわれがとても悪い結果を避けるために一層複雑な規則が必要となるが、その規則を正しく適用しない人々が多いという状況において、われわれは何をなすべきだろうか？「時限爆弾」でそうした状況を考察しよう。

時限爆弾

テロリストが逮捕され、見つかった書類の示すところでは、彼は核爆弾を持っている仲間たちと共謀しており、その爆弾は二時間後にマンハッタンの中心で爆発することになっている、としてみよう。何百万の人が殺されるのを防ぐために必要な情報をそのテロリストから得る唯一の方法は、彼を拷問にかけることだ。そうすることは不正だろうか？　哲学者たちは多年にわたってこの「時限爆弾のシナリオ」を仮定上の例として論じてきたが、二十一世紀におけるテロリズムの増大はこれを現実に近づけている。同じような状況は今やしばしば小説や映画やテレビドラマで提起されている。しかしながらこれまでのところ今述べたような状況は起きていないので、われわれはこれを仮定上の例として取り扱っている。

「拷問するな」は、多くの人々にとって例外を容れない絶対的な規則だ。これは国際連合の〈拷問等禁止条約〉がとっている立場だ。それは「戦争状態、戦争の脅威、内政の不安定又は他の公の緊急事態であるかどうかにかかわらず、いかなる例外的な事態も拷問を正当化する根拠として援用することはできない」〔第2条第2項〕と定めている。拷問を禁止していかなる例外も認めない規則を支持するような強力な功利主義的理由がある。記録されている多くの濫用が示すところでは、拷問を完全に禁止しないと、尋問者や刑務所の看守はあらゆる種類の心理的な理由から囚人を拷問にかけるだろう――おそらくは囚人に対する自らの支配を示すために、あるいはおそらくは人を苦しませるのを楽しむサディストであるために。そしてまた、コミュニティが受け入れたならば最善の帰結をもたらすだろうと現実的に期待できる規則を求めている限り、例外を認めるようなもっときめ細かな規則では役に立ちそうもない。ひとたびこの禁止への例外を認めてしまうと、拷問をしようとする人々はそれらの例外を拡張する方法を見出すだろう。国連の〈拷問等禁止条約〉のこの「例外なし」の規定は、正当化されない拷問を防止するためには最善の方法なのかもしれない。

しかしながら功利主義者、特に行為功利主義者にとって、いかなる例外的な事態によっても正当化できない行為というものはありえない。もし標準的な時限爆弾のシナリオではこのことをあなたに信じさせるに足りないならば、もっと極端な例をあげてみよう。——宗教的狂信者のグループが核兵器庫を持つある国を乗っ取り、その兵器庫は放射性物質の汚染による地上の全生命の苦痛に満ちた緩慢な絶滅をもたらすほど巨大なものだ、としてみよう。その信者はこのグループの指導者の命令にいつも忠実に従うのだが、指導者は全兵器の発射を深夜零時に行うように命じた。これはハルマゲドンと救世主の来臨をもたらすだろう、と彼は言う。いかなる国もこの攻撃を止める軍事的能力を持っていないが、ある特殊部隊がその指導者を捕まえて安全な秘密基地に連行した。彼と議論し説得してその命令を取り消させようとするあらゆる試みが失敗した。しかし専門家グループは、彼は拷問に耐えられないだろうということを示す心理学的プロファイルを作成していた。深夜零時まではあと数時間しか残されておらず、地上の生命の絶滅を防止する手段が他にないとしたら、功利主義者は(そして、われわれの信ずるところでは、真剣に考える人なら誰でもが)このような状況下では拷問が正当化されるという結論に至るだろう。拷問を禁ずる規則は絶対に例外のない道徳規則の最有力の候補なのだから、功利主義者が例外のない道徳規則は存在しないとするのは正しいように思われる。

秘密にしておく

われわれは解決できない選択に直面しているようだ——拷問に対する厳格な禁止を支持して、ある日カタストロフを手をこまねいて見ることになるというリスクを負うか、それとも、とても起こりそうもないとはいえ起こりうるある状況では拷問を正当化し、その結果、他の状況における拷問の悪用への道を開きそうだ、と認めるか。しかし第三の可能性がある。それは、公然とは絶対的禁止を支持しながら、時限爆弾の状況における責任者になりそうな人々には、その禁止に違反すべき状況があるということをこっそり教えておく、というものだ。

この立場はシジウィックが『倫理学の諸方法』の中で、悪い帰結に至りうる慣習的な道徳規則に対して、功利主義者が取るべき態度について行った入念な検討と調和する。これらの慣習的な道徳規則は、時には改定や廃止の必要がある。しかしながら改定してできた規則は大部分の人々が遵守するには複雑すぎるので、欠点はあるが一層単純な規則を保持するよりも悪い結果に至ることがある。その状況では功利主義者は欠陥のある規則を公に支持すべきだが、自分自身で常に従うべきではない、とシジウィックは考えた。しかしながら功利主義者が実際にその規則を破る場合、彼らは悪い前例を与えてしまうという危険を考慮に入れるべきだ。その前例は、他の人々がその規則に従った方がよい時にまでそれを無視するようにさせてしまうだろう。それゆえ、秘密裏に行うならば正しい行為でも、それを公然と行ったり提唱したりするのは不正だ、ということがありうるし、またある人々の集団にはあることをするように教えたり助言したりすることが正しくても、そうすることを他の人々に教えたり提唱したりするのは不正だ、ということもありうる、とシジウィックは書いた。

「密教的道徳 esoteric morality」――すなわち、大部分の人々が従うように教えられて期待されている道徳と違う、「啓蒙された少数者」のための道徳――という観念が、大部分の人々にとって厭わしいものだということをシジウィックは認めたが、その結論は避けることができないと考えた。この結論はバーナード・ウィリアムズによって攻撃された。彼はそれを「総督官邸功利主義 Government House utilitarianism」——巨大な植民地邸宅の中で、そんな決定に関与する能力がないと見なされる「現地人」をいかに支配するのが最善かを決定する白人エリートの像を連想させるフレーズ——と呼んだ。しかしながら植民地の連想はあてはまらない。功利主義者はグローバルな観点を持っているから、帝国の利益のために途上国を植民地化しようという帝国主義的目標を支持しているわけではない。それにもかかわらず、今日シジウィックの見解は政治的に正しくないと考えられそうだ。密教的道徳を批判する人々は功利主義者に対して言うだろう——「何をすべきかについて他の人々よりもよく知っていると考えているあなた方は一体何様のつもりなのか？」と。

むろん功利主義者は、自分たち自身が誤りを犯しうるということを、そして自分自身の道徳的信念への過信から生ずるかもしれない悲劇的な帰結も、意識しているべきだ。とはいえ、何をすべきかについてある人々は他の人々よりもよく知っている、ということを否定するのは難しい。そのことは、この二十年間以上合衆国やその他のいくつかの国々において気候変動とそれに対する対策について行われてきた議論を見てみるだけで十分だ。知っているべき本当の問題はこうだ。——ある判断に従った行動が、広く受け入れられており一般的に望ましい道徳規則に反するにもかかわらず、その行動を正当化するのが正しい、と十分確信できるのはどんな時か？

功利主義は自己抹消的か？

これらの考察は、功利主義の推論に特徴的な他の二つの争点にわれわれを導く。シジウィックはこう書いた。「正しさの基準を与える目的が、われわれの意識的に目指す目的といつも同じでなければならない、ということは必然的でない。」現在哲学者たちは、行為を正しいものたらしめるのは何かについての基準——つまり、それが効用を最大化するということ——を特定するものとしての功利主義と、最善の行動が何であるかを決定する際にわれわれが用いる指針としての功利主義とを区別するのが普通だ。われわれは功利主義は正しい道徳理論だと信ずると同時に、「効用を最大化せよ」は正しい決定に至る最善の指針ではないと考えることができる。たとえば、われわれは行為功利主義者として、日常生活において単純な規則に従うことが全体として見れば最善の結果をもたらすだろうと知って、そうするように提唱することができる。もっと極端なことを言えば、われわれは功利主義者として、人々が「他の人格を決して手段として用いてはならない」といったカント的原理や、盗みや嘘や詐欺や無実の人を殺すことを禁ずる規則に従うことを提唱できる、とさえ言える。ある理論を信ずる者を別の理論に従うように仕向けるような理論を哲学者は「自己抹消的 self-effacing」と呼ぶ。それ自身の理論を信ずる者を他の理論に従うように、時として——いつもではないが——仕向ける理論は、部分的に自己抹消的だ。

今日でもよくなされる反論への勇気ある回答の中で、ベンサムは功利主義が部分的に自己抹消的だという可能性に気づいていたことを示している。

(私は次のように言われるのを聞いたことがある)「功利性の原理は危険な原理だ。ある場合には、それに訴えることは危険だ。」それはつまり、「功利性に訴えることは功利性に適合しない」、手短に言えば、「功利性に訴えることはそれに訴え**ない**ことだ」というものだ。

それにもかかわらず、ある道徳理論が自己抹消的でありうるという考えは厳しい批判を受けてきた。いかなる種類の道徳理論が、それ自身を実行に移そうとする段になると自分自身を斥けるとしたら、正当でありうるだろうか！　道徳理論は理論ではなく実践において役立つことが要求されるのではないか？

道徳理論が実践に役立たねばならないということは真理だ。しかし功利主義が（少なくとも部分的には）自己抹消的だという事実は、功利主義が実践において失敗しているということを意味しない。そのことが意味しているのは、功利主義はわれわれが（あるいは、功利主義が部分的にのみ自己抹消的ならば、われわれの一部が一部の時において）非功利主義的な規則あるいは原則を採用しそれらによって行動することを奨励する、ということだけだ。もしその奨励が効用の最大化という功利主義の目標に至るならば、功利主義は実践に役立っている。

かりに功利主義が完全に自己抹消的だとしても、そのことはわれわれの心理的特徴とか不十分な教育とかいった状況に依存する偶然的な事柄にすぎない。それらの状況のせいで、われわれは自分の行動の帰結について明確に考えることが難しくなる。もしこれらの状況が十分に変化するならば、功利主義は自己抹消的であることをやめて、善の最大化を直接目指すようわれわれに命ずるだろう。ある理論がある状況において自己抹消的だという事実は、それが真理でないということを示すわけではない。ある規範的理論が真理か否かが、世界の現在の状態に関する偶然的な事実に依存しているということはありえない。

功利主義が部分的に自己抹消的かもしれないという事実は、第4章ですでに触れた第二の論点と関連している。それは、われわれはいつ人を賞賛したり非難したりすべきなのかという論点だ。「盗むな」といった道徳規則は、われわれが物を盗む機会を持つたびに、盗みが一般的な善を最大化するか否かを考えなければならない場合よりもよい結果を生むので、この理由によって、われわれはその規則の維持を支持する、としてみよう。さて、この規則に従うよう人々に奨励してきた結果、誰かが盗みを働けば罪のない人の命を助けることができたにもかかわらずその人は盗まなかった、という事態が起きたとする。われわれは人を見殺しにしたから悪いことをしたとしてその人を非難すべきだろうか？　第4章で見たように、非難と賞賛というものは行為なのだから、賞賛あるいは非難することが正しいかどうかを決定するために、われわれはその行為の帰結を考慮しなければならない。この場合、われわれは一般的に有用な規則への遵守を弱めてしまうことの帰結を考慮しなければならないから、罪のない人の命を救わなかった人物を非難しない方がよいかもしれない——その行為だけを取り出して功利主義の観点から見れば、それは明らかに不正な行為だったとしても。

これらの問題のすべてについて、特に密教的道徳の問題について、何か逆説的なところがある。功利主義者が支持する理論は、ある状況においてそれ以外の道徳理論に従うことを奨励する理論だ。そして、われわれがこれら他の諸理論を奨励すべき功利主義的理論を持っているという事実を秘密にしておく方がよいかもしれない。別々の人々が最善の結果を直接に目指したとしたら、彼らは何ができるだろうか、またどれだけその実現に成功するだろうか——これらのことを基礎として、われわれは異なった人々に異なったガイドラインを与えてよい。読者であるあなたがこれらの結論に満足していないだろうということをわれわれは認める。そしてあなたが満足していないのはよいことだ！　われわれはすべて、密教的道徳を抱くことを嫌悪する方がよい。われわれの生きているこの世界において功利主義の思考が密教的道徳に至るとしても、われわれは次のように書いたシジウィックに従うべきだ。「密教的道徳は有益だというドクトリン自体が、密教のままにとどまる方が有益だと思われる。……かくして功利主義者が功利主義の原理に従って、自分の結論のいくつかが人類一般によって斥けられることを望んでも、それは合理的でありうるだろう。」

第6章　功利主義の実践

功利主義を今日適用する

一九七二年、イギリスの哲学者スチュアート・ハンプシャーは、もはや功利主義はかつてのような大胆で革新的で破壊的ですらある思想でなくなってしまった、と言って嘆いた。しかしながらハンプシャーが長期的な衰退だと思ったものは、われわれの価値観と実践の変化に対する功利主義の遠大な寄与の中の小休止にすぎなかった。(これから先の部分で、われわれは単純化のために快楽主義的な功利主義に大部分言及するが、功利主義の他のヴァージョンを支持する人は自分の選ぶヴァージョンをそこに代入しても、われわれの議論の実質にほとんど影響しないだろう。)

功利主義は苦しみを減少させ幸福を増大させるようわれわれに命ずるが、功利主義者は実践において苦しみの減少の方を一層強調する。そうすることの一つの理由は実際的なものだ。人々が飢えていて、寒さに苦しみ、病んでいるとき、われわれは彼らに食べ物やシェルターや医療ケアを与えることによって彼らの苦しみを軽減できるが、人々がすでにこれらの基本的な必要を満たしているとき、彼らを一層幸福にするためにはどうしたらよいかを知ることは難しい。

苦しみの減少に焦点をあてることの、哲学的に一層深いもう一つの理由は、苦しみと幸福の間には

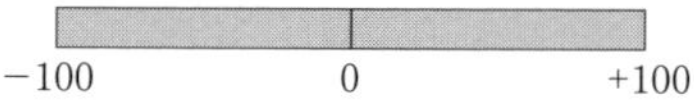

図10　苦しみと幸福の対称的理解

図11　苦しみと幸福の非対称的理解

非対称性があるように思われる、ということだ。われわれがここで言いたいのは、われわれは苦しみそれ自体に対して、それと同量の幸福に与える以上の重要性を与えるべきだ、ということではない。むしろわれわれがここで言っている非対称性は経験的なものだ。その相違は図10と図11によって表現することができる。ここでの数字は基数だと想定されている。それはつまり、マイナス50からマイナス49への変化は、プラス25からプラス26への変化と同じだけの量の福利を増大させるということだ。われわれはまた、人が幸福でも不幸でもないような中間的な状態があるとも想定している。そのような中間的な状態を考える一つの方法は、あなたには次の一時間を起きていて過ごすか夢を見ない深い眠りの中で過ごすかの選択が与えられていて、それ以外のすべてのことは等しいと想像するのだ。たとえば、あなたは起きている場合積極的にも消極的にも何もなしとげられることがないし、眠りから覚めた場合もリフレッシュされた気持にはならないだろう、と。

図10は苦しみと幸福についての対称的な理解を表している。ここではマイナス100は可能な限り最大の苦しみを、ゼロは中間的な状態を、プラス100は可能な限り最大の幸福を、それぞれ表現している。図11は苦しみと幸福についての著しく非対称的な理解を表している。ここでもゼロは中間的な状態を表現するが、その中間的状態と可能な限り最大の苦しみとの間の相違は、中間的状態と可能な限り最大の幸福との間の相違よりもはるかに大きい。もし図11が福利に関するわれわれの感じ方の限界を正確に表現しているならば、最大の苦しみの状態から中間的状態への変化は、それがもたらす善におい

て、中間的状態から最大の幸福への変化をはるかに凌駕する。このことは大部分の人々の選好と調和するように思われる。あなたは一時間の間、あなたが経験したことのある最大の幸福の一時間を得るために、あなたが経験したことのある最悪の苦しみを耐える用意があるだろうか？　ほとんどの人はその用意がないだろう。あなたが一時間の苦しみを受け入れるためにはどれだけの長さの幸福を必要とするだろうか？　そう自問することによって、あなたは自分にとって苦しみが幸福を凌駕する程度を知ることになるだろう。

社会的な問題はしばしば複雑だ。ある人々の状態を改善しようとする試みは他の人々の状態を悪化させそうだ。第4章で述べた効用の個人間比較の困難を考えてみると、ある特定の政策の実施が本当に福利 welfare の純増をもたらすかどうかを算定することは容易でないだろう。それゆえ理論を適用するための最善の場所は、ある人々の苦しみを大幅に減少させる一方で、他の人々の苦しみをほとんどあるいは全く増大させない――そして理想的には、彼らの幸福をほとんどあるいは全く減少もさせない――場所だ。そのような状況は功利主義者にとって、手に取りやすい果物だ。そのような果物がなぜずっと昔に摘みとられなかったのか――つまり、そのようなたやすく避けられる苦しみを予防するための政策がなぜ取られなかったのか――と不思議に思う人がいるかもしれない。時としてそれに対する答は、その苦しみをなくすためには伝統的道徳の基本要素を捨てることが必要だったから、というものだ。また別の状況では、その苦しみを経験する集団が無視されていたためかもしれない。われわれは前者に属するケースから始める。

生命の終わりの決定

二〇〇九年、カナダ人のグロリア・テイラーは筋萎縮性側索硬化症（ALS）と診断された。これは進行性の筋力低下をもたらす。ALS患者は手足が次第に使えなくなり、それから歩行や咀嚼、嚥下、会話ができなくなる。そして呼吸ができなくなると死亡する。死に向かう、この苦しく避けられない過程を受け入れるよりも、テイラーは自分で選んだ時に死ぬことを助けてくれることを彼女の医師に望んだ（図12）。

もしテイラーが人工呼吸器のような何らかの生命サポートを必要としていたならば、医師はそれをオフにすることができただろう――たとえそのことがテイラーの死を確実にもたらすとしても。しかしテイラーの生命は医療技術に依存していなかったので、他の多くの国々と同じように、カナダでは医師が彼女の依頼に従って行動することは違法だった。テイラーは法廷に訴えてこの法律に挑戦した。

時として「消極的安楽死」と呼ばれるもの――つまり、措置を差し控えることによって患者の死をもたらすこと――と「積極的安楽死」あるいは「医師の幇助による死」との間の法的な区別は、罪なき人の生命を奪うことは常に不正だという考えに基づく、伝統的な倫理的見解を反映している。規則に基づく倫理を提唱する人々は、規則が適用される場合と適用されない場合を分ける微妙な一線をしばしば引くことになるので、重大な結果をもたらす決定が、誰が考えても倫理的に重要でない事柄にかかっているということがありうる。たとえば、ある患者の死をもたらす行為が機械のスイッチをひねることであるか、それとも患者の生命を終わらせる薬物の処方箋を患者のために書くことか、といったものだ。苦痛と快楽とか、人が一番欲することといった、決定の中の明らかに重要な側面に焦点を当てる一方、何が殺人になる行為で何が殺人にならない行為かといった空虚な区別に焦点を当てない、ということは功利主義の利点だ。

確かに、テイラーのような患者が死ぬ手助けを医師が行うのを犯罪とするような法律に反対するために、功利主義者である必要はない。そのような法律は、「死ぬ権利」を根拠に疑問に付することもできるだろう。この権利は、一次的に自分だけにかかわる事柄に関する自律への権利という、一層広い権利の一部として見ることができる。

図12　グロリア・テイラー。彼女の法廷行動のために、すべてのカナダ人が死に際して医師の助力への権利を持つようになった。
(Canadian Press/REX/Shutterstock)

しかしそのような権利があるということや、死ぬ権利は死ぬ際に手助けを受ける権利も含むということを、われわれはどのようにして立証するのだろうか？　権利に基づく主張は、他の人々ならば否定する直観を断定することにすぎない。それに対して、罪のない人を殺すことは常に不正だと考えることの帰結をわれわれが考慮し始めるや否や、殺人に反対する通常の理由は、苦しんでいて死ぬことへの手助けを求めている末期患者には当てはまらないということがわかる。むろん通常は、罪のない人を殺すことはとても悪い帰結をもたらすだろう。一般的に人間の生が苦しみよりも大きな幸福を持つと想定するならば、誰かを殺すことの直接の帰結は、その犠牲者から、殺人がなければ享受したであろう幸福のすべてを奪うというものだ。その間接的な帰結は、場合によっては一層悪い。殺された人を愛していた人々を悲しませ喪失感を与えるが、それはしばしば長期間にわたる。またその殺人を知る人の誰もの不安感が高まる。殺人のような暴力的犯罪は、われわれが自分の生を支配していて自分の未来を決定できるという信頼感を脅かす。そしてわれわれは殺される危険を減少するために行動を変え、深夜歩いて帰宅するといった喜びを諦めることになる。

さてグロリア・テイラーの状況を考えてみよう。ＡＬＳの容赦ない進行は、ある時点から彼女の生は幸福よりもずっと大きな苦しみを含むようになるに違いないということを意味する。そしてこの状態は死まで続くだろう。だからその時点で彼女の依頼に従って行動し彼女の死を助ける医師は、彼女から幸福を奪うのではなく苦しみから救っていることになる。それにテイラーは自分自身の死を意図的にもたらそうとして、医師はその依頼に従って行動しているのだから、彼女の死は誰にも不安をもたらすものでない。実際には、それは多くの末期患者が自分の死に方について感ずる不安を減少させる。彼女を愛する人々は、彼女が自分の生が生きるに値すると考える時点を越えて苦しむことを望まないだろうし、彼らが感ずる悲哀も、彼女の死が自然に任せておいた場合よりも数週間早かったという理由によって一層大きくなることはないだろう。

患者が自分の生命を終わらせるのを医師が助けることを許す功利主義の議論は、権利に基づく議論よりもはるかに明確で決定的だ。しかし個別のケースに関するこの結論に至ることは、法がいかにあるべきかに関する議論の最後ではない。功利主義者は法の変更がその他の悪い帰結をもたらさないかどうかも問わねばならない。その問題はテイラーの提起した訴訟においてリン・スミス判事が詳細に検討したものだ。彼女は医学・法学・心理学・生命倫理の国際的専門家による証言を聞き、オランダやオレゴン州のように過去十年間以上医師が患者の死を助けることができた地域の経験を検討した。それらの地域においては、老人や病人が死への手助けを受け入れるように圧力をかけられていないかどうかに特別の関心が払われた。彼女の結論は、そのような事実はなく、法律が適切に計画されれば、ある人々は自分の望むように死ぬことが許される一方、生き続けたいと望む弱い立場の人々は保護される、というものだった。スミス判事の判決はカナダ最高裁判所で維持された。その結果、今やカナダの末期患者は死ぬ際に医療の手助けを受ける法的な権利を持っている。

倫理と動物

死にたいと欲する末期患者の不必要な苦しみが多くの国々では今も続いている。それは殺人の問題となると、伝統的道徳と、その道徳が生きている本人の願望の性質と関係なく人間の生命に与える神聖さのオーラに挑戦しようとする人がほとんどいないからだ。残念なことに、これらの道徳的見解は人間以外の動物を殺すことを全然制限しない。それどころか、スポーツや毛皮や肉食へのわれわれの嗜好のために動物を殺すことが許されているだけでなく、われわれは動物に途方もない量の不必要な苦痛を与えている。このことはわれわれが人間以外の動物の利益――苦しまないという利益を含む――に、ほとんどあるいは全く重きを置いていないということの証拠だ。

これは功利主義者が動物を見る見方ではない。動物を苦痛なく殺すことについて功利主義者の見解は分かれるが、指導的な功利主義者はすべて、人間の苦しみよりも動物の苦しみの方が悪くないということはない、と明らかに考えている。本書の最初の部分でわれわれは「人類がその保護を呼吸するあらゆる者に拡げる時」を展望するジェレミー・ベンサムの言葉を引用したが、彼は『道徳および立法の諸原理序説』のある脚注の中で、人間と動物の区別は後者を「拷問者の気まぐれ」に委ねる理由として不十分だと指摘した。彼は言った。――問題は、「彼らは**考えられるか？**でも、彼らは**話せるか？**でもなく、彼らは**苦しむことがあるか？**だ。」

動物の苦しみは重大だと功利主義者が主張するのは、快楽引く苦痛の可能な限りの最大化という功利主義の原理と、動物も快楽と苦痛を経験する能力があるという明らかな事実とを結びつけた直接の結果だ。今やこの常識的な見解は、十九世紀の功利主義者が知らなかったかなりの量の科学的な証拠によって支持されている。脊椎動物は中枢神経系の機能においても振舞いにおいても、またわれわれが苦痛や快楽を感ずるときに反応する脳の特定の部分においても、われわれと同じように苦痛と快楽に反応する、ということをわれわれは知っている。無脊椎動物の中にも快楽と苦痛を感じられるものがいるかもしれない――確かにタコは思考して新しい問題への解決に至ることができるように見える。この原理と首尾一貫して、ミルとシジウィックは動物の苦しみも重要だという点でベンサムに同意した。ミルはさらに進んで、功利主義の原理の妥当性という問題は動物を道徳の中に取り入れるかにかかっている、と認めさえした。ある批判者は、功利主義によれば動物の生活を改善するために人間の幸福を犠牲にするのが正しいことでありうるという結論になってしまう、として功利主義を攻撃したのだが、ミルはそれに応えてこう書いた。

何らかの慣習が人間に与える快楽よりも大きな苦痛を動物に与えるとしてみよう。その慣習は道徳的だろうか、それとも不道徳だろうか？　そしてもし、人間が利己性の泥沼から頭を上げて異口同音に「不道徳だ」と言うことがなければ、功利性の原理の道徳は永遠に救われないままだろう。

明らかにミルは、動物の利益を人間の利益と比較して割り引くことを斥け、その代わりに、動物の苦痛を人間の快楽と**平等に**カウントしている。彼は要するに、誰の利益を考慮するにせよその存在の種に関係なく、同じような利益を平等に考慮する議論をしている。だから彼は「種差別 speciesism」という言葉が発明される前からそれに反対していたのだ。

ベンサムが感覚を持つすべての生き物に保護を拡大することについて書いていた時、イギリスでもその他の世界のどこでも、動物虐待を禁ずる法律は存在しなかった。それから二世紀たった今日でさえ、動物を虐待から保護する法律はベンサムやミルの提唱したものにはほど遠い。工場制畜産 factory farming は、功利主義によれば明らかに弁護できない、動物に関する多くの現代の慣習の中でも一番明白なものだ。毎年六百五十億個体と推定される陸上脊椎動物が食料のために殺されるが、その大部分は工場農場で恐るべき混雑と拘束の条件の中で飼育されている(図13)。われわれに食料を提供するためにこの慣習が必要なわけではない。むしろ、動物を戸外から引き離してケージや牛舎や納屋や檻の中に閉じ込めておくと、餌をやるために穀物や大豆を栽培しなければならない。動物はこれらの穀物の食料価値の大部分を、体を温めて動き回るために利用する。われわれは動物に費やす食料価値のごく一部しか取り戻していない。このことが含む膨大な食料の浪費と、それほどたくさんの肉食がわれわれの健康に与える悪影響を別にしても、工場制畜産は動物に巨大な苦しみを与え、温室効果ガス排出を大幅に増大させている。これらすべては特定の味あるいは食感を持つものを食べたいという人間の欲求を満たすためにすぎないということを考えると、動物をこのような過密状態で食料のために飼育することが功利主義に反するということは明らかだ。功利主義の見解では、動物の苦痛と苦しみは人間の苦痛と苦しみの同様の量と等しくカウントされる。ここでもまた、同じ結論に到達する倫理的見解は他にもあるが、功利主義者はこの分野におけるパイオニアだったのであり、われわれの見るところ、その議論は最も明快であり最強である。

図13　工場畜産される豚はその全生涯を狭いスペースの中に拘束されて過ごす。
Photo：©Farm Sanctuary

研究のための動物利用はもっと難しい問題だ。なぜならこの動物利用から得られるかもしれない利益は、食料のための動物利用から得られる利益よりもはるかに大きいからだ――少なくとも、肉なしで十分に栄養を摂れる人々については。ここにおいて功利主義者は動物の権利主義者と意見を異にするかもしれない。なぜならある権利観によると、権利というものは絶対的であって、それゆえ権利侵害から生ずるいかなる善い帰結によっても凌駕されるということがないからだ。かくして絶対主義的な権利の提唱者は、動物実験を廃止することが持ちうるコストを検討する必要がない。功利主義者はそうでない。

何千万もの有害な動物実験は差し迫った目的を何も持っていない。たとえば、それらの実験は新しい化粧品や家庭用品の安全性をテストするために行われているが、それらの製品は消費者の重要なニーズを満たすためではなく、生産者に利益をもたらすために開発されているのかもしれない。とはいえあらゆる動物実験がこれほどたやすく斥けられるわけではない。医学の知識を増進させるものもある。どれがそれにあたるのかをあらかじめ知ることはできない。しかし、

・多数の人間あるいは動物に苦しみあるいは死をもたらす病気を予防する方法を発見する合理的な可能性があり、そして
・ある動物の利用(しかしその数は、その発見が助ける人間あるいは動物の数よりもずっと少ない)なしにはこの目的を達成する他の方法がなく、そして
・動物が経験するいかなる苦痛と苦しみも減少させるあらゆる可能な手段が取られ、そして
・全体としてより大きな善を生み出すであろう研究に費やされるような、資金・時間・能力使用方法が他に存在しないならば、

その時は

・研究のための動物使用は正当化される。

動物をどのように取り扱うべきかに関するこの議論は、苦しまないことに関する動物の利益を平等に考慮するという原理だけに基づいているのであって、動物を殺すことの不正さに関するいかなる主張に基づくのでもない。ベンサムは食料のために動物を殺すことは不正でないと考えていた。

われわれが好むようなものを食べることを許すべきとてもよい理由がある。われわれの状態はそのことによって改善され、動物の状態は決して悪化しない。動物はわれわれが持っているような未来の苦しみに関する長期的予測を持たないからだ。

動物は普通の人間のような仕方で自分の死を予測しないと指摘する点で、ベンサムは重要な相違に注意を向けていた。しかしなぜベンサムは、動物の状態が殺されることによって「決して悪化しない」と言ったのだろうか？　もし動物が殺されなければ苦痛よりも大きな快楽を持ったであろうとしたら、彼らを殺すことは、功利主義者ならば非難すべきとても直接的な仕方で彼らの状態を悪化させることになるだろう。しかしおそらくベンサムが言っていたことは、その後多くの食肉擁護者が行ってきた、別のもっと微妙な論点なのだろう。つまり、もしわれわれが動物を食べなかったら、殺される豚や牛や鶏はそもそも決して生まれてこなかっただろう、というのだ。ベンサムの時代には工場制畜産は存在しなかったから、大部分の食肉用動物の生は今日よりもずっと善くて、人道的な屠畜法がなくてさえも幸福なものだったと論ずることもできよう。それゆえベンサムが「動物の状態は決して悪化しない」と書いたとき、彼が言いたかったことは、食料のために動物を飼育して殺すという慣習のために動物の状態が全体として悪化することはない、ということだったのかもしれない。もしそうならば、ベンサムは今でも続く論争に寄与していることになる。その論争は、本章の後の方で触れる、人間の人口に関する問題にも関する争点を提出する。

効果的利他主義

功利主義者たちは改革者である傾向があるが、彼らの改革は政治的には右でも左でもありうる。それは彼らが、制限されない自由市場は誰もが幸福になることを可能にする最善の方法であると考えるか、それとも国家が万人の基本的ニーズを満たさねばならないと信ずるかにかかっている。貧困の原因と救貧法改革について広範に書いたベンサムは後者に属する。彼の時代には珍しいことだが、彼は援助を「値する deserving」貧民に限定しなかった。誰かの貧困が本人の無責任な行動の結果であっても、死の苦痛は、納税者がその人物を餓死から救うために給付を負担するという苦痛を明らかに凌駕する、とベンサムは指摘した。

今日の進んだ豊かな国々においては、政府はあらゆる市民に――そして通常は領土内に住むあらゆる人々にも――食べていくのに十分なものを獲得する手段を確保するだけでなく、少なくとも基本的なヘルスケアをも確保している。しかし食料や基本的ヘルスケアの欠如による苦しみは、豊かな国々の中にいる人々と同様、その外にいる人々にとっても重大だ。ベンサムの時代にはコミュニケーションや輸送はとても遅かったので、遠く離れた国々の飢えている人々に効率的な援助を与えることは不可能だったが、今やそれらの障害は克服され、極度の貧困という問題はグローバルなアプローチを必要としている。最近半世紀以上にわたって、功利主義者だけでなくいくつかの主要宗教の支持者からの援助によって、極度の貧困の減少において大きな進歩があった。二〇一五年には、おそらく人類史上初めて、極度の貧困のうちに生きる人々の割合が十パーセントを切った。他方五歳になる前に死亡する子どもの数は一九六〇年の二千万人から二〇一五年の六百万人にまで減った――その間に世界人口は倍以上に増大したにもかかわらず。

これらの数字は励ましになる。しかし十億人以上が豊かに生活して贅沢品に膨大な金額を費やしているこの世界で、七億人が極度の貧困のうちに生き、約六百万人の子どもが、貧困に関係した避けることのできる原因で毎年死んでいるという事実は、今でも極度の貧困が回避可能な膨大な苦しみを生み出しているということを示している。

効果的利他主義 effective altruism がこの状況への対応だ。それは二〇〇九年にトビー・オードが〈われわれができることを与える Giving What We Can〉を設立した時に始まった。これは最も効率的な組織に寄付することによってどれだけの善をなしとげられるかを人々に教える組織だ。ピーター・シンガーの広くリプリントされているエッセイ「飢えと豊かさと道徳」は、人類絶滅の危険を減少させることの重要性を強調するニック・ボストロムの著作とともに一つの役割を果たした。ウィル・マッカスキルはオードとともに〈われわれができることを与える〉の設立のために働き、それに次いで〈よく与え、不正を減らす Give Well, Less Wrong〉とか〈あなたの救える命 The Life You Can Save〉といった他の団体も生まれた。これらはすべて一緒に、効果的利他主義を世界規模の運動に発展させた。オードとマッカスキルはオックスフォードの哲学者で、他のいかなる実定道徳の見解よりも功利主義に信を置いている(この注意深い言い方は、何が正しい道徳的見解であるかに関する不確実さを認めるもの)と自認している。効果的利他主義は、われわれができる限り効果的に他の人々を助けることを奨励するのだから、功利主義者が効果的利他主義者であるべきだということは明らかであり、二〇一五年に三千人の効果的利他主義者を調査した結果では、五十六パーセントが自分を功利主義者だと言った。むろんそれでも効果的利他主義者のかなりの割合は非功利主義の道徳的見解を信じている。これは驚くべきことではない。なぜなら多くの異なった道徳的見解が、何らかの道徳規則を侵害したり何らかの徳に反して行動したりしない限り、できるだけ効果的に他の人々を助けるべきだということを意味しているからだ。それにもかかわらず、効果的利他主義は、今日功利主義が人々の行動と彼らの実現する善の量をどのように変えているかを示す最も明白な実例だろう。

効果的利他主義はわれわれが助けるべき人々について不偏的な観点を取る。その目的は、その目標のためにわれわれが利用する用意のある資源が何であれ、それによってわれわれにできる最善のことを行うということだ。そしてもしわれわれが自分自身のコミュニティではなく途上国の人々を助けることによって一層大きな善を行えるならば、それこそわれわれがなすべきことだ。同じ不偏的な観点が現在と未来との選択にも当てはまる。効果的利他主義者は未来を割り引いて評価するが、それはわれわれの行うことの影響がある未来の時期までわからないとき、その影響について確信できない程度に応じてにすぎない。

効果的利他主義者は何が最大の善をなすかを決定するためにエヴィデンスを用いることが重要だと強調する。そしてこの運動の最も重要な貢献は、他の人々を助けるためにとても効果的だったと思われる目標や組織を示すための入手可能なエヴィデンスを査定することだった。この査定から生じた注目すべき発見は、あるチャリティ事業は他の事業よりも何百倍も効果的だということだった。トビー・オードは、盲導犬を訓練するある組織と途上国の人々を失明から予防あるいは回復させるある組織への寄付を比較した。その結果わかったのは、盲導犬を一頭訓練するためには約四万ドルかかるが、途上国における失明の主要な原因であるトラコーマのために誰かが失明することを予防するためには二十五ドルしかかからない、ということだった。大部分の場合、誰かの失明を予防することは一人の盲人に盲導犬を与えるよりもよさそうだから、オードの出した数字によると、トラコーマと戦う組織に寄付する方が盲導犬を訓練する組織に寄付するより、**少なくとも**一六〇〇倍効果的だ。

効果的利他主義者は道徳的功績よりも結果に関心があるから、誰かが純粋に利他主義的な仕方で行動しているのか、それとも売名目的でそうしているのか、あるいは立派な生き方をしているのかといったことには煩わされない。効果的利他主義者はこの理由から、他の人々を助ける人々の方がその程度が少ない人々よりも自分の生に満足しているということを示す研究に人の眼を向けさせる。

効果的利他主義者は世界の貧困の減少を、最大の善の実現のための一つの可能な方法だとみなす。しかし効果的利他主義者の中には、われわれは動物の苦しみを減少させることで一層大きな善をなしとげられると信ずる人もいれば、われわれは巨大なカタストロフの小さなリスクを無視しがちだから自分たち自身が絶滅する危険を減少させることに十分注意を向けていないと論ずる人もいる。人類絶滅の可能な原因としては、核戦争、巨大隕石との衝突、世界的疫病——自然なものであれ、バイオテロリズムによるものであれ——、人類に敵対する超頭脳を持ったコンピューターなどがある。

これらの人類絶滅のリスクを減少させることがどのくらい重要かを言うことは難しい。その原因は、リスクそれ自体も、われわれがそれを減少させる能力も、ともに数量化しにくいということだけではない。一層深い争点は、そのような計算にあたってわれわれが考慮に入れるべきなのは、絶滅が起きるとしてその時に存在する生命――つまり、それがきょう起きるとしたら死ぬことになる七十数億人の人々――だけなのか、それとも全然生まれてこないことになる不定の何兆人(あるいはそれよりもずっと桁数が多いかもしれない)なのか、というものだ。存在する可能性があるにすぎない人々を考慮に含めることに反対して、存在しない人を害するということを語るのは意味をなさないから、これらの可能的存在者が決して存在しないことになるという事実によって状態が悪化する人は一人もいない、と言うことは可能だ。その一方で、もしわれわれが人間の生に正の価値があるとみなすならば――われわれの大部分は確実にそうしているが――もし将来人間が存在しないということになったら、ある価値が失われることになりそうだ。それは確かに、いかなる現実の人間にとっても損失ではない。しかし、もし宇宙のこの特定の場所で、あるいは宇宙のどこにせよ、豊かで意味のある生を送る知性的存在者が生きていなかったら、宇宙全体の価値はもっと小さくなる、と言うこともできよう。一人の可能な人間の生存を未然に妨げることは、現実に生きている一人の生命が失われることと同じほどには悪いことでないかもしれない。しかしそうであっても、もしわれわれが可能であるにすぎない人々の生存にもいくらかの重みを与えるとしたら、われわれの絶滅によって将来生まれないことになってしまうそのような膨大な人々がいるということは、そのような出来事を防止する重要性を劇的に増大させる。というのは、もし人類がこれからの一世紀か二世紀を生き延びることができるならば、他の複数の惑星に移住し、何か一つの惑星に起きる災害にもかかわらず人類を守って、何百万年、いや何十億年も人類の生存を確保できるかもしれないからだ。

今やこのような思考に応えて、功利主義的な根拠から人類絶滅のさまざまなリスクを最小限にするための研究を奨励したり実行したりする効果的利他主義者のコミュニティが存在する。

人口のパズル

人類絶滅のリスクに関する議論から生じた問題は、最初シジウィックが提起した人口倫理のある争点と関係している。彼はある状況においては一層多くの人々を存在させることによって、(混雑が増えたり一人当たりの資源が減少したりするため)幸福の平均的レベルは下がるが幸福の総量を増大させることができるだろうと書いた。そのため功利主義者がめざすべきなのは幸福の最高の平均的レベルなのか、それとも最大の総量なのか、という問題が生ずる。シジウィックは後者だと考えた。

シジウィックが平均説を斥けたのは正しかった。知られている世界が〈パラダイス〉という大陸からなっていて、そこに住んでいるのはあなたが想像しうる限り最も幸福な人々十億人で、彼らは戦争も暴力も病気もない、豊かで楽しい生活をしているとしてみよう。〈パラダイス統計局〉が発行する年刊の〈世界幸福報告書〉は、それに知られているすべての人々の平均的な幸福のレベルを報告している。ゼロから100までの目盛りの中で〈パラダイス〉のレベルは大体99のあたりにある。それから探検者が海を渡って〈ハルシオン〉という新大陸を発見した。そこにも十億の人々が住んでいて、彼らもまた戦争も暴力も病気もない豊かで楽しい生活を送っている。しかし〈ハルシオン〉の天候は〈パラダイス〉ほど快適ではないので、その住民の幸福のレベルは〈パラダイス〉の統計学者の目盛りによると大体90のあたりにある。

〈パラダイス〉の統計学者が次の〈世界幸福報告書〉を編纂する時、彼らは〈パラダイス〉の住民は人が住んでいる新大陸の発見に大喜びしたのでその平均的幸福が100に達したと書いた。しかし新たに発見された〈ハルシオン〉の住民が初めて算入されたので、世界の平均的幸福のレベルは95に低下した。平均説の提唱者にとってこれは悪いことに違いない。しかし全員が豊かで楽しい生活を送っていて、わずか数日の悪天候がその楽しみを湿らせるにすぎないような十億の人々の存在を悪いことだとみなすのはもっともらしくない。そのことは一体誰にとって悪いのだろうか？〈パラダイス〉の住民にとってではない。彼らの平均的な幸福のレベルは新大陸と新しい文化の発見のおかげで上昇した。また〈ハルシオン〉の住民にとってでもない。彼らは自分たちの生活にとても満足していて、新しく見つかったもう少し気候がよい〈パラダイス〉の友人たちを全然嫉妬することがない。この例が示すように、新しい世界の人々が誰一人全く不利益を受けず、また別々の人々の幸福のレベル間の相違が非平等主義的政策や個人の行動の結果でなくても、平均説によれば、新しい世界の方が悪くなるということがありうるのだ。

ではわれわれは総計説を受け入れるべきだろうか？　そうする前に、われわれはこの説自体のうれしくない含意を考慮しなければならない。総計説によると、豊かで意義がある極度に幸福な生活を送っている人々で一杯のいかなる世界と比較しても、**よりよい**世界が存在する。その世界では、誰の幸福もゼロよりわずかに大きい――彼らは苦痛と比較してわずかに大きなだけの快楽を得ているとしてみよう。各人の幸福がゼロよりもわずかに大きいこの世界は、総計説によれば、極端に幸福な人々で一杯の世界**よりもよい**ということになる——前者の世界の人口が十分に多いために、わずかにプラスである生活の総計の方が一層大きな幸福の総量に至るならば。むろんそれは地球が現在養える範囲をはるかに超えた人口を持つ世界にならざるをえないかもしれないが、この思考実験は地球だけに限定されていない。問題はこうだ。あなたは本当に、幸福の一層大きな総量を有する世界の方がよい世界だと考えるだろうか？

平均説も総計説も人を満足させないとしたら、いかなる理論がさらによいだろうか？　一九七〇年代にデレク・パーフィットが最初にこれらの問題を論じた時から、哲学者たちは彼が「理論X」と呼んだもの——内在的な説得力があって、これらのケースについてわれわれが持っている強い直観と調和できる理論——を探し求めているが、そのような理論は見出されていないし、そもそもありえないのかもしれない。だがこれは功利主義特有の問題ではない。いかなる倫理学理論も、いかなる状況で、政府がカップルに大きな家族を持つことを奨励すべきか、またいかなる状況で、カップルが子どもを持たないか家庭を必要としている子どもを養子に取るよりも子どもを産むべきかについて、発言することができるべきだ。

二〇五〇年には世界人口は約百億人に達すると予測されているが、地球がそれだけの人口を維持できるかについての心配を前提とすると、多くの人々はその答が自明だと思うだろう。しかし他の事柄が等しいとしたら、幸福な生を送るだろうと期待できる子どもたちを世界の中に生みだすのはよいことかという問題は、地球の未来についての楽観的見解を取るならば現実的な問題だ。

国民総幸福

残念ながら〈パラダイス〉と〈ハルシオン〉は架空の土地だが、〈世界幸福報告書〉は現実に存在する。最初の報告書は二〇一二年に〈幸福とウェルビーイングに関する国際連合ハイレベル会合〉のために、独立した専門家グループによって発行された。その会合に続いて国連総会が決議を行ったが、その決議は、加盟国が幸福を「基本的な人類の目標」と認め、その国民の幸福を測定し、公共政策策定の際にこの測定を用いるように求めるものだった。このような提案は明らかに功利主義の思考にとてもよく合致する。

この国連決議を提案したのはヒマラヤの小さな王国であるブータンの首相だった。この国は「国民総幸福 gross national happiness」推進のパイオニアだ。ブータンでは首相が議長を務める〈国民総幸福委員会〉が、政府省庁の提案するあらゆる新たな政策提案を査定する。国民総幸福の促進という目標に反すると判断された政策は再考慮のため省庁に差し戻される。それらの政策が委員会の是認を最終的に得られなければ、それは進行しない。国民総幸福の推進という目標に従って、ブータンはタバコの販売を禁止している。

われわれの目標は国民総生産や総所得よりも幸福の推進であるべきだということにわれわれは賛成するかもしれない。しかし第4章で論じた幸福の測定の困難を考えると、幸福を、政府の政策が成功しているか否かの指標にすることは実行可能だろうか？　現在社会科学者や意見調査組織は、幸福を測定するための二つの主要なアプローチを用いている。一つは人々が持つプラスの時点を足し合わせ、そこからマイナスの時点を差し引くというものだ。もしその結果がかなりのプラスならば、その人の生活は幸福だし、もしマイナスならば不幸だ、とみなされる。だからそのように定義される幸福を測定するためには、人々の生活の諸時点をランダムに取り出して、人々がプラスの心理的状態を経験しているかマイナスの状態を経験しているかを見出さなければならない。もう一つのアプローチは、人々に「あなたはこれまでのあなたの生活にどのくらい満足していますか?(How satisfied are you with the way your life has gone so far?)」と問うものだ。もし彼らが満足しているとかとても満足していると答えるならば、彼らは不幸ではなく幸福なのだ。第一のアプローチを用いた調査によるとナイジェリアやメキシコやブラジルやプエルトリコのような国々は成績がよいが、このことが示唆するのは、回答は健康とか教育とか生活水準といった客観的な指標よりも国民性に関係するところが大きいということだ。第二のアプローチを取ると、デンマークやスイスのような豊かな国々がトップに来る傾向がある。しかし異なった言語によって異なった文化の中で行われる質問調査項目への回答が本当に同一のものを意味しているかどうか、それは明らかでない。

幸福を基本的な人類の目標と認める国連決議がなされてから、いくつかの国際組織や国内組織が幸福を測定する最善の方法を検討してきた。〈経済協力開発機構(OECD)〉は〈ベター・ライフ・イニシアティヴ〉を発足させ、それは二〇一三年に、諸国の政府がその国民のウェルビーイングを測定するのを助けるための一群のガイドラインに至った。そのガイドラインは、主観的なウェルビーイングの測定が信頼できるものであり政策形成の基礎になりうるということを示す、増大しつつあるエヴィデンスを反映している。〈国連開発計画〉はまた、その開発統計の中に国民平均寿命を加えた。ますます多くの科学者が幸福の測定にたずさわり、幸福をもたらすのは何かを理解しつつあるので、公共政策の基本的目標としての幸福という観念は支持を得ている。このことを知ったらベンサムも喜ぶだろう。

訳者あとがき

本書は Katarzyna de Lazari-Radek and Peter Singer, *Utilitarianism*, Oxford University Press, 2017 の邦訳である。

共著者のうち、本書が日本初紹介となるカタジナ・デ・ラザリ＝ラデク(一九七五―)は、ポーランドの哲学者でウッチ(Lodz)大学哲学研究所の准教授(assistant professor)を務めている。彼女は二〇〇七年にシジウィックの研究で博士論文を書いたのち、シンガーとの共著を二冊出版した。本書はその二冊目に当たる。

ピーター・シンガー(一九四六―)はすでに世界的に有名な哲学者・倫理学者だから、ここで詳しい紹介は必要ないだろう。彼はオーストラリアの哲学者で、モナシュ大学などで教鞭を執った後、現在プリンストン大学とメルボルン大学の教授である。彼は倫理学の分野で重要な論争的著作を多数あらわしており、その多くは日本語にも翻訳されているが、それらの著作は本書の読書案内にあげられている。本書以後の重要な著作としては編著 Peter Singer (ed.), *Does Anything Really Matter?* Oxford University Press, 2017 がある。その本は本書の謝辞でも言及されているパーフィットの大著『重要なことについて』に関する十三本の論文を集めた書物で、シンガー自身はラザリ＝ラデクとの共著論文を寄稿している。

シンガーは最初もっぱら動物倫理やグローバル正義論など応用倫理学の分野で研究を行ってきて、

より抽象的な規範倫理学やメタ倫理学の領域では本格的な論考が少なかったが、最近はこれらの領域の著作が多くなった。特に彼は本書第3章でも述べられているように、功利主義の内部で選好功利主義から快楽主義的功利主義に転じ、またメタ倫理学では非認知主義から実在論的な立場に移った。前者の変化はラザリ＝ラデクに説得されたもので、後者の変化はパーフィットの影響によるところが大きいらしい。

本書は定評ある「オックスフォード・ベリー・ショート・イントロダクション」の一冊として書かれたものだ。目次からもわかるように、第1章が歴史編、第2章から第5章までが理論編、第6章が応用編という整然たる構成であるだけでなく、限られた分量の中で功利主義の主要な論点をほぼ網羅的に、公平な態度と率直明晰な文章で取り上げているので、功利主義に関する今日の最も優れた入門書だと言えよう。読者は必ずしも著者たちの功利主義に賛成しないかもしれないが、功利主義の思想が真剣な検討に値することを知り、世の中(その中には哲学界の一部も含まれる)で通用している「功利主義」の理解がいかに不正確で歪められたものであるかを知ることだろう。

なお本書の第2章から第5章までの内容の多くは、シジウィックの倫理学説の詳細な検討である著者たちの最初の共著『宇宙の視点——シジウィックと現代倫理学』(未邦訳)の内容を圧縮したものだ。(ただし本書第2章後半の、現代における功利主義の正当化論は、本書の方が詳しい。)従って本書のこの部分について、著者たちの見解をもっと詳しく知りたい読者にはその本を勧めたい。

本書の読書案内に取り上げられていない日本語文献について、本書と重なるテーマを取り扱った重要な最近の書物を年代順にあげておこう。

・奥野満里子『シジウィックと現代功利主義』勁草書房、一九九九年（第6章を除く本書全体に関係する。ラザリ＝ラデクとシンガーの『宇宙の視点』以前に、シジウィックの倫理学の検討を通じて二十世紀後半の功利主義の諸説を再検討した）

・安藤馨『統治と功利——功利主義リベラリズムの擁護』勁草書房、二〇〇七年（本書第2章から第5章に関係する。行為功利主義・快楽説・帰結主義・厚生主義・総和主義への批判への詳細な応答を含む。ただし理論的に高度で難解）

・児玉聡『功利と直観——英米倫理思想史入門』勁草書房、二〇一〇年（本書第1章、さらに第2章と第4—5章にも関係する。「功利主義対直観主義」という対比から「功利主義対義務論」という対比への変化を跡づける）

・児玉聡『功利主義入門——はじめての倫理学』ちくま新書、二〇一二年（本書全体に関係する。題名からわかるように、功利主義を出発点に倫理学の問題を平明に論ずる）

・『功利主義ルネッサンス——統治の哲学として——　法哲学年報二〇一一』有斐閣、二〇一二年（日本法哲学会の学術大会で発表された報告とコメントとシンポジウム概要を収録）

・深貝保則・戒能通弘（編）『ジェレミー・ベンサムの挑戦』ナカニシヤ出版、二〇一五年（本書第1章に関係する。専門家以外にはなかなか全体像をつかみにくいベンサム研究の概観を与える）

・一ノ瀬正樹『英米哲学史講義』ちくま学芸文庫、二〇一六年（題名からだけではわかりにくいが、功利

主義に関する論述が充実している）

- 若松良樹（編）『功利主義の逆襲』ナカニシヤ出版、二〇一七年（功利主義の理論・応用・思想史に関する最新の論文集。寄稿者は『功利主義ルネッサンス』と一部重なる）
- 森村進『幸福とは何か』ちくまプリマー新書、二〇一八年（本書第3章のテーマを論ずる）

訳文は森村たまきが第1―2、4章を、森村進がその他の部分を担当し、最終的には両者の話し合いで確定した。本書の翻訳は最初岩波書店の伊藤耕太郎さんから依頼されたが、その後の異動によって押川淳さんが編集を引きつぐことになった。お二人の尽力に感謝する。この訳書が日本における功利主義、ひいては倫理学の理解に少しでも寄与することを願ってやまない。

二〇一八年　秋分の日

訳　者

「表現の自由」入門
ナイジェル・ウォーバートン 著
森村進
森村たまき 訳
四六判一四四頁
定価二〇九〇円

原理の問題
ロナルド・ドゥオーキン 著
森村進
鳥澤円 訳
A5判四八六頁
定価七二六〇円

哲学がわかる 形而上学
スティーヴン・マンフォード 著
秋葉剛史
北村直彰 訳
四六判二一四頁
定価一九八〇円

哲学がわかる 因果性
スティーヴン・マンフォード
ラニ・リル・アンユム 著
塩野直之
谷川卓 訳
四六判一九四頁
定価一九八〇円

哲学がわかる 自由意志
トーマス・ピンク 著
戸田剛文
豊川祥隆
西内亮平 訳
四六判一九六頁
定価一八七〇円

カタジナ・デ・ラザリ＝ラデク　Katarzyna de Lazari-Radek
ウッチ大学哲学研究所准教授．哲学・倫理学．本書の他に *The Point of View of the Universe*, Oxford University Press, 2014(P. シンガーとの共著)がある．

ピーター・シンガー　Peter Singer
プリンストン大学・メルボルン大学教授．応用倫理学．著書として *Animal Liberation: A New Ethics for Our Treatment of Animals*, Random House, 1975(『動物の解放』改訂版，人文書院，2011)ほか多数．ザ・ニューヨーカー誌が選ぶ「最も影響力のある現代の哲学者」，タイム誌が選ぶ「世界の最も影響力のある100人」の一人．

森村 進
一橋大学名誉教授・前日本法哲学会理事長．法哲学．著書として『幸福とは何か』(ちくまプリマー新書)，『法哲学講義』(筑摩選書)，『自由はどこまで可能か』(講談社現代新書)，編著として『法思想の水脈』(法律文化社)などがある．

森村たまき
国士舘大学非常勤講師．刑事法学．訳書としてN. ウォーバートン『「表現の自由」入門』(森村進との共訳，岩波書店)，P. G. ウッドハウス，ジーヴス・シリーズ(国書刊行会)ほか多数．

功利主義とは何か
カタジナ・デ・ラザリ＝ラデク　ピーター・シンガー

2018年11月15日　第1刷発行
2024年4月15日　第3刷発行

訳者　森《もり》村《むら》 進《すすむ》・森村《もりむら》たまき

発行者　坂本政謙

発行所　株式会社 岩波書店
〒101-8002 東京都千代田区一ツ橋2-5-5
電話案内 03-5210-4000
https://www.iwanami.co.jp/

印刷・精興社　製本・松岳社

ISBN 978-4-00-022962-3　Printed in Japan

人名索引

（注と訳者あとがきを除く）

マ　行

ヤ　行

ラ　行

読書案内と引用に関する注

全般

功利主義に関する最近の著作としては，Krister Bykvist, *Utilitarianism: A Guide for the Perplexed,* Bloomsbury Academic, London, 2010 と Tim Mulgan, *Understanding Utilitarianism,* Routledge, London, 2014 がある．もっと深く学びたい人は，Katarzyna de Lazari-Radek and Peter Singer, *The Point of View of the Universe,* Oxford University Press, Oxford, 2014, あるいは Torbjörn Tännsjö, *Hedonistic Utilitarianism,* Edinburgh University Press, Edinburgh, 1998 に進むのもよかろう．本書で論じた特定のトピックについては，次の無料のオンラインの中のトピックを見ることもお勧めする．*Stanford Encyclopedia of Philosophy*: 〈https://plato.stanford.edu〉.

序文

最初の引用文は次の引用源から来ている．

動物については，Jeremy Bentham, *Principles of Penal Law,* Part III, ch. 16, in *The Works of Jeremy Bentham,* ed. J. Bowring, William Tait, Edinburgh, 1838, p. 562.

同性愛については，Jeremy Bentham, from a manuscript in the University College, London, Bentham manuscripts, folder lxxiv(a), sheet 6, quoted by Faramerz Dabhoiwala, *The Origins of Sex,* Allen Lane, London, 2012, p. 135.

女性については，John Stuart Mill, *The Subjection of Women,* Longmans, Green, London, 1869［ミル『女性の解放』大内兵衛・大内節子訳，岩波文庫，1957 年］. 最初の文章は第 1 章から，2 番目の文章は第 3 章から．

ベンサムについてのマルクスのコメントは，*Capital,* vol. 1, ch. XXIV, sect. 5, Penguin, London, 1992(first published 1867)［『資本論』第 1 巻第 24 章第 5 節］から．功利主義へのニーチェの言及は，*Beyond Good and Evil,* sect. 260, Penguin, London, 1973(first published 1886), trans. R. J. Hollingdale［『善悪の彼岸』第 260 節］から．功利主義へのウィリアムズの攻撃は，J. J. C. Smart and Bernard Williams, *Utilitarianism: For and Against,* Cambridge University Press, Cambridge, 1973 の中にあり，引用したコメントは p. 150 にある．フットからの引用は彼女の 'Utilitarianism and the Virtues', *Mind,* 94(1985), p. 196 から．

第 1 章　起源

功利主義の歴史についてのよい入門書は Frederick Rosen, *Classical Utilitarianism from Hume to Mill,* Routledge, London, 2003 である．Bart Schultz, *The*

Happiness Philosophers, Princeton University Press, Princeton, 2017 はゴドウィン，ベンサム，ミル夫妻，シジウィックの生涯と著作に焦点を当てている．

古代の先駆者たち

墨子については *The Stanford Encyclopedia of Philosophy* on Mohism by Chris Fraser, available at https://plato.stanford.edu/entries/mohism を見よ．もう一つの有益な資料は，Chad Hansen, ‘Mo-tzu: Language Utilitarianism: The Structure of Ethics in Classical China’, *The Journal of Chinese Philosophy* 16(1989), pp. 355–80. さらなる情報は次の香港大学のサイトで入手できる．〈https://philosophy.hku.hk/ch/moencyred.html〉.

いくらか功利主義的な傾向を持つ仏教倫理については次のものを見よ．Chao-hwei Shih, *Buddhist Normative Ethics*, Dharma-Dhatu Publications, Taoyuan, Taiwan, 2014.

エピクロスについては次のものを見よ．*The Stanford Encyclopedia of Philosophy* article by David Konstan: 〈https://plato.stanford.edu/entries/epicurus/〉.

初期の功利主義者たち

初期の功利主義者たちからの引用源は次の通り．

Richard Cumberland, *De legibus naturae*『自然の法について』, ch. 5, sect. IX, first published 1672; われわれは 1727 年に出版された John Maxwell による最初の英訳から引用した．このリプリントは Liberty Fund, Indianapolis, 2005.（本書と次の二つの著作は，その他の多くの古典的著作とともに，Liberty Fund からオンラインで入手できる．）

Anthony Ashley Cooper, Earl of Shaftesbury, *Characteristicks of Men, Manners, Opinions, Times*『人間・風習・意見・時代の諸特徴』, Liberty Fund, Indianapolis, 2001, vol. 1, p. 37.

Francis Hutcheson, *An Inquiry into the Original of our Ideas of Beauty and Virtue*『美と徳の観念の起源』, Liberty Fund, Indianapolis, 2004(first published 1726)[山田英彦訳，玉川大学出版部，1983 年], treatise ii, section iii, paragraph VIII.

自分の眼から鱗が落ちて最大幸福の促進のために一生を捧げることになったというベンサムの言葉は，最初に匿名で 1776 年に出版された彼の *A Fragment on Government*『統治論断片』, ed. J. H. Burns and H. L. A. Hart, Cambridge University Press, Cambridge, 1988 の第 1 章の脚注の中にある．

Joachim Hruschka, ‘The Greatest Happiness Principle and Other Early German Anticipations of Utilitarian Theory’, *Utilitas*, 3(1991), pp. 165–77 は，功利主義的思想を先取りした中にドイツの思想家たちがいたと論ずる．

創始者：ベンサム

ベンサムの公刊された著作の中で明示的に功利主義思想を論じたものは，1780年に書かれ，いくらか加筆されて1789年に出版された *Introduction to the Principles of Morals and Legislation*『道徳および立法の諸原理序説』[『世界の名著　ベンサム　J. S. ミル』中央公論社，1979年に山下重一による部分訳あり]で，これはいくつかの印刷された版で入手できるし，オンラインでも入手できる．

ベンサムの未刊行の原稿の文字化に関心のある人は次のサイトを訪れるべきだ．〈https://www.ucl.ac.uk/bentham-project/transcribe-bentham〉．

「不自然な性交」の処罰に関するサミュエル・ジョンソンの見解は次の論文に引用されている．Faramerz Dabhoiwala, 'Lust and Liberty', *Past and Present,* 207(2010), p. 150. この論文の pp. 168–74 には性道徳に関するベンサムの見解の有用な要約がある．これらの著作については Jeremy Bentham, *Of Sexual Irregularities, and Other Writings on Sexual Morality,* ed. Philip Schofield, Catherine Pease-Watkin, and Michael Quinn, Clarendon Press, Oxford, 2014 も見よ．本文中の文章はその本の pp. 112 and 148 から．

提唱者：ジョン・スチュアート・ミル

ミルの *Utilitarianism*『功利主義論』[伊原吉之助訳が『世界の名著　ベンサム　J. S. ミル』中央公論社，1979年に収録]は，1861年に一連の三論文として公表され，その2年後に単行本として出版された．これはいくつかの印刷された版で入手できるし，オンラインでも入手できる．ミルの功利主義に関するもっと詳しい議論は，Roger Crisp, *Mill On Utilitarianism,* Routledge, London, 1997 と *The Blackwell Guide to Mill's Utilitarianism,* ed. Henry West, Wiley-Blackwell, London, 2006 を見よ．

ベンサムを読んだ時のミルの感情は，1873年に初版が出た彼の *Autobiography,* Penguin, London, 1990, ch. 3[『ミル自伝』朱牟田夏雄訳，岩波文庫，1960年]に述べられている．

学究的哲学者：ヘンリー・シジウィック

シジウィックの最も重要な書物は *The Methods of Ethics*『倫理学の諸方法』で，初版が1874年に出版されたが，彼はこれを生涯改訂した．最も広く用いられているのはシジウィックの死後1907年に出版された第7版で，これはいくつかの印刷された版で入手できるし，オンラインでも入手できる．

スマートは 'Extreme and Restricted Utilitarianism', *Philosophical Quarterly,* 25(1956), pp. 344–54 でシジウィックの著作への高い評価を述べた．パーフィットによる評価は *On What Matters,* vol. 1, Oxford University Press, Oxford,

2011, p. xxxiii から．シジウィックの最善の伝記は Bart Schultz, *Henry Sidgwick: Eye of the Universe*, Cambridge University Press, Cambridge, 2004 であり，シジウィックのロマンチックな傾向に関するわれわれの記述は，その本の pp. 414–15 で紹介される証拠に基づく． Jerome Schneewind, *Sidgwick's Ethics and Victorian Moral Philosophy*, Clarendon Press, Oxford, 1977 は『倫理学の諸方法』の古典的研究だが，もっと最近の著作には次のものがある．David Phillips, *Sidgwickian Ethics*, Oxford University Press, Oxford, 2011; Katarzyna de Lazari-Radek and Peter Singer, *The Point of View of the Universe*, Oxford University Press, Oxford, 2014; and Roger Crisp, *The Cosmos of Duty*, Oxford University Press, Oxford, 2015.

●第 2 章　正当化

ベンサムによる功利主義原理の正当化

デカルトは『方法序説』(1637 年)で彼の基礎づけ主義の方法を提唱し，『省察』(1641 年)でそれを用いて，「我思う，ゆえに我あり」が疑いえない知識の基礎だと論じた．ロールズは次の本の中で反省的均衡という考えを提出した．*A Theory of Justice*, Belknap Press of Harvard University Press, Cambridge, Mass., 1971, revised edition 1999[『正義論　改訂版』川本隆史ほか訳，紀伊國屋書店，2010 年]．

本文のフローチャートは『道徳および立法の諸原理序説』第 1 章第 14 段落に基づく．

ミルの証明

The Open Syllabus Project(〈http://www.opensyllabusproject.org〉, last viewed 11 January 2017)は，ミルの『功利主義論』を哲学の授業で 2 番目に広く用いられているテクストとしてランクづけた．彼の効用原理の「証明」はその第 4 章にある．

シジウィックの証明

常識道徳の批判的検討がシジウィックの『倫理学の諸方法』の第 3 部を占めている．その第 11 章が彼の議論の要約であり，そのまた第 2 節の中で，彼は自明である命題が満たさねばならない 4 つの条件をあげている．彼は第 3 部第 13 章で，正義・賢慮・善行という公理を支持して論じている．

ハーサニィによる，無知の条件下での合理的選択からする議論

ハーサニィは 'Cardinal Welfare, Individualistic Ethics, and Interpersonal Comparisons of Utility', *Journal of Political Economy*, 63/4(Aug. 1955), pp. 309–

21, especially at p. 316で無知の状態からの選択という手段を用いた．もっと初期のよりよい言明は，‘Cardinal Utility in Welfare Economics and in the Theory of Risk-Taking’, *Journal of Political Economy*, 61/5(Oct. 1953), pp. 434–5を見よ．ロールズは『正義論』第26節で，無知のヴェールのために当事者たちは2つの正義原理を選ぶだろうと論じたが，この節の議論が説得的でないということの証明は，Brian Barry, *The Liberal Theory of Justice*, Clarendon Press, Oxford, 1973, especially ch. 9を見よ．ハーサニィは‘Bayesian Decision Theory and Utilitarian Ethics’, *The American Economic Review*, 68 (1978), pp. 223–8において彼の功利主義擁護論を定式化した．ハーサニィの証明に関する議論については次の論文を見よ．Hilary Greaves, ‘A Reconsideration of the Harsanyi-Sen-Weymark Debate on Utilitarianism’, *Utilitas*(2016), pp. 1–39. doi: 10.1017/S0953820816000169(print version forthcoming).

スマートの態度と感情への訴えかけ

スマートの*An Outline of a System of Utilitarian Ethics*『功利主義倫理学体系の概要』は1961年にメルボルン大学出版会によって出版され，その後改訂版がJ. J. C. Smart and Bernard Williams, *Utilitarianism For and Against*, Cambridge University Press, Cambridge, 1973の一部として発表された．引用文は後者のpp. 7–8から．

ヘアの普遍的指令主義

ヘアはその書物*Freedom and Reason*, Oxford University Press, Oxford, 1963［『自由と理性』山内友三郎訳，理想社，1982年］と*Moral Thinking*, Oxford University Press, Oxford, 1981［『道徳的に考えること』内井惣七・山内友三郎監訳，勁草書房，1994年］の中で普遍化可能性を論じている．彼の立場のもっと短い表明としてR. M. Hare, ‘Universal Prescriptivism’, in Peter Singer, ed., *A Companion to Ethics*, Blackwell, Oxford, 1991を見よ．普遍化可能性の説明はそのp. 456にある．〈黄金律〉に対するショーの反論は，1905年初演の彼の戯曲*Man and Superman*『人と超人』, Penguin, London, 2001への補遺「革命家のための箴言」から．ヘアは‘Ethical Theory and Utilitarianism’, in H. D. Lewis, ed., *Contemporary British Philosophy* 4, Allen and Unwin, London, 1976; repr. in R. M. Hare, *Essays in Ethical Theory*, Clarendon Press, Oxford, 1989において，普遍化可能性は功利主義に至ると最初に主張した．彼はこの議論を『道徳的に考えること』の中でもっと詳しく発展させた．この本はまた無道徳主義に関する議論も含んでいる――特にp. 186を見よ．

たくさんの異なったテクストと文化における〈黄金律〉をまとめたものとして次の本を見よ．Howard Terry, *Golden Rules and Silver Rules of Humanity*, In-

finity Publishing, West Conshohocken, Pa., 2011.

グリーン：対抗する諸原理の誤謬を指摘することによる功利主義擁護論

進化に関する事実から価値を導き出そうとした何人かの社会生物学者の誤りについては次の本を見よ．Peter Singer, *The Expanding Circle*, 2nd edn, Princeton University Press, Princeton, 2011.

グリーンの功利主義擁護論が最も明白に述べられているのは 'Beyond Point-and-Shoot Morality: Why Cognitive (Neuro) Science Matters for Ethics', *Ethics*, 124(July 2014), pp. 695–726 である．彼のそれ以前の書物 *Moral Tribes: Emotion, Reason, and the Gap Between Us and Them*, Penguin, New York, 2013 [『モラル・トライブズ』竹田円訳，岩波書店，2015 年]は，彼の議論の基礎にある研究調査を一層詳しく述べている．

トロリー問題を最初に述べたのは Philippa Foot, 'The Problem of Abortion and the Doctrine of Double Effect', *Oxford Review*, 5(1967), pp. 5–15 であり，これを発展させたのが Judith Jarvis Thomson, 'The Trolley Problem', *Yale Law Journal*, 94(1985), pp. 1395–415 である．書物のかたちでの議論は David Edmonds, *Would You Kill the Fat Man?*, Princeton University Press, Princeton, 2013[エドモンズ『太った男を殺しますか？』鬼澤忍訳，太田出版，2015 年]と Thomas Cathcart, *The Trolley Problem*, Workman, New York, 2013[カスカート『「正義」は決められるのか？』小川仁志監訳，かんき出版，2015 年]がある．ほとんどの人は〈ループ〉と〈スイッチ〉で同じ反応をするという言明は，Michael Waldman and Jörn Dieterich, 'Throwing a Bomb on a Person Versus Throwing a Person on a Bomb: Intervention Myopia in Moral Decisions', *Psychological Science*, 18(2007), pp. 247–53 の〈実験 2〉によって支持される．

デュアル・プロセス理論を最初に示唆したのは Seymour Epstein, 'Integration of the Cognitive and the Psychodynamic Unconscious', *American Psychologist*, 49(1994), pp. 709–24 であり，この 20 年間他の多くの科学者がそれを発展させてきた．近づきやすい論述は Daniel Kahneman, *Thinking Fast and Slow*, Farrar, Straus and Giroux, New York, 2011[カーネマン『ファスト＆スロー』村井章子訳，早川書房，2012 年].

〈歩道橋〉と〈遠い歩道橋〉への反応の相違については次の論文を見よ．Joshua D. Greene et al., 'Pushing Moral Buttons: The Interaction between Personal Force and Intention in Moral Judgment', *Cognition*, 111(2009), pp. 364–71.

成人間の近親姦に対する反応については，Jonathan Haidt, 'The Emotional Dog and its Rational Tail', *Psychological Review*, 108/4(2001), pp. 814–34 と〈ドイツ倫理委員会〉の *Inzestverbot: Stellungnahme*, 24 September 2014 を見よ．

推論の少なさと応報刑支持との関係については，グリーンの 'Beyond Point-

and-Shoot Morality', pp. 705–6 を見よ．グリーンは Michael J. Sargent, 'Less Thought, More Punishment: Need for Cognition Predicts Support for Punitive Responses to Crime', *Personality and Social Psychology Bulletin,* 30(2004), pp. 1485–93 による調査研究を引用している．

広い反省的均衡については Norman Daniels, *Justice and Justification,* Cambridge University Press, Cambridge, 1996 を見よ．万人にとっての道徳感情改善に関するグリーンのコメントは彼の 'Beyond Point-and-Shoot Morality' p. 724 にある．

われわれがグリーンの帰結主義擁護論を補強するために用いた議論は，Katarzyna de Lazari-Radek and Peter Singer, *The Point of View of the Universe: Sidgwick and Contemporary Ethics,* Oxford University Press, Oxford, 2014, especially ch. 6 でもっと詳しく述べられている．われわれは次のところで批判者たちに回答した．'Doing our Best for Hedonistic Utilitarianism: Reply to Critics', *Etica & Politica/Ethics & Politics,* 18(2016), pp. 187–207.

●第３章　われわれは何を最大化すべきなのか？

古典的見解

快楽についてのアリストテレスの見解は『ニコマコス倫理学』1172b26–7 を見よ．プラトンについては『ゴルギアス』495de，500d を見よ．エピクロスの思想は豚にふさわしいという古代の反論は David Konstan in 'Epicurean Happiness: A Pig's Life?', *Journal of Ancient Philosophy,* 6(2012), available online at: http://www.revistas.usp.br/filosofiaantiga/article/download/43309/46932 によって論じられている．ロジャー・クリスプは 'Hedonism Reconsidered', *Philosophy and Phenomenological Research,* 73(2006), pp. 619–45 の中でハイドンの生涯と不死の牡蠣の生涯をわれわれに比較させる．満足した豚よりも満足していない人間である方が善いというミルの主張は，彼の『功利主義論』第２章にある．

経験機械

ノージックの「経験機械」の例は *Anarchy, State and Utopia,* Basic Books, New York, 1974, p. 43[『アナーキー・国家・ユートピア(上)』嶋津格訳，木鐸社，1985 年，68 ページ]にある．

選好功利主義

以前のシンガーの選好功利主義擁護論については *Practical Ethics,* 3rd edn, Cambridge University Press, Cambridge, 2011, p. 14[原書第２版の翻訳『実践の倫理』山内友三郎・塚崎智監訳，昭和堂，1999 年]を見よ．

利他的な薬物提供者というパーフィットの例は *Reasons and Persons,* Clarendon Press, Oxford, 1984, p. 497［『理由と人格』森村進訳，勁草書房，1998 年，672 ページ］からとった．パーフィットの見知らぬ乗客の例は同書の p. 151［邦訳 214 ページ］にある．

選好功利主義者は情報を知っている欲求に転ずる代わりに基礎にある欲求を考慮することができるという示唆を，われわれは Richard Yetter Chappell に負う．

草の葉を数えることを欲求する人というロールズの例は『正義論』p. 379［邦訳 568 ページ］から来ている．不合理な欲求に関するハーサニィからの引用は 'Morality and the Theory of Rational Behaviour', in A. Sen and B. Williams, eds, *Utilitarianism and Beyond,* Cambridge University Press, Cambridge, 1982, p. 55 から来ている．もし選好功利主義が合理的な欲求しか考慮しないならばそれは全く別の理論になるという論点は，Shelly Kagan, *Normative Ethics,* Westview, Boulder, Col., 1998, p. 39 が述べている．Yew-Kwang Ng は 'Utility, Informed Preference, or Happiness: Following Harsanyi's Argument to its Logical Conclusion', *Social Choice and Welfare,* 16(1999), pp. 197–216 において，ハーサニィに反対してこれに関連する議論をもっと詳しく述べる．

多元主義的帰結主義

パーフィットは『理由と人格』の「ある人の生を最もうまく行かせるもの」という補論の中で，そのようなものについての諸説を分類する．それは快楽説と欲求実現説と客観的リスト説で，この最後のグループは，「人々が善いものを持とうとするか，また悪いものを避けようとするか否かにかかわらず，あるものはこの人にとって善いものだったり悪いものだったりする」と主張する．このような理論を支持し，そして幸福あるいは快楽以外にも内在的な善があると主張する人たちは，われわれの用語法では多元主義的帰結主義者ということになる．彼らは，あるものはわれわれの幸福あるいは快楽に寄与しなくても，またわれわれの欲求を実現しなくても，われわれの福利の部分として内在的な価値を持っているとみなす．

ミルは Prasanta Pattanaik and Yongsheng Xu, 'Freedom and its Value', in Iwao Hirose and Jonas Olson, eds, *The Oxford Handbook of Value Theory,* Oxford University Press, Oxford, 2015 において，自由の内在的価値の支持者とされている．

哲学者たちが内在的価値を持つと考えてきた善のリストは以下のものによる．William Frankena, *Ethics,* 2nd edn, Prentice-Hall, Englewood Cliffs, NJ, 1973, pp. 87–8,［フランケナ『倫理学　改訂版』杖下隆英訳，培風館，1975 年］available at 〈http://www.ditext.com/frankena/ethics.html〉; John Finnis, *Natural*

Law and Natural Rights, 2nd edn, Oxford University Press, Oxford, 1982; and Timothy Chappell, *Understanding Human Goods,* Edinburgh University Press, Edinburgh, 1998, ch. 4.

感覚ある存在者を超えた価値

ムアの見解の変化については，*Principia Ethica,* Cambridge University Press, Cambridge, 1903［『倫理学原理』泉谷周三郎ほか訳，三和書籍，2010年］, pp. 135-6 と *Ethics,* Williams & Norgate, London, 1912［『倫理学』深谷昭三訳，法政大学出版局，新装版2011年］, pp. 103-4, 148, 153 を見よ．

内在的原理：これまでの話

自分が選ぶくじへの選好は，Ellen Langer, 'The Illusion of Control', *Journal of Personality and Social Psychology,* 32(1975), pp. 311-28 から取った．また運転しているときは事故が起こりそうもないという信念については，Frank McKenna, 'It Won't Happen to Me: Unrealistic Optimism or Illusion of Control?', *British Journal of Psychology,* 84(1993), pp. 39-50 を見よ．Lefcourt からの引用は 'The Functions of the Illusions of Control and Freedom', *American Psychologist,* 28(1973), p. 424 から．

それが現実のものであれ幻想であれ，人は自分の送っている生から去りたがらないということを示す実験については，F. De Brigard, 'If you Like it, Does it Matter if it's Real?', *Philosophical Psychology,* 23(2010), pp. 43-57 を見よ．

快楽とは何か？

ロジャー・クリスプは「フィーリング・トーン」説を 'Hedonism Reconsidered', *Philosophy and Phenomenological Research,* 73(2006), pp. 619-45 と *Reason and the Good,* Clarendon Press, Oxford, 2006, pp. 103-11 で擁護した．ラットの脳の中に電極を埋め込む実験については，J. Olds and P. Milner, 'Positive Reinforcement Produced by Electrical Stimulation of Septal Area and Other Regions of Rat Brain', *Journal of Comparative and Physiological Psychology,* 47(1954), pp. 419-27 を見よ．快楽とは「素敵さのグロス niceness gloss」だという見解は Morten Kringelbach and Kent Berridge, eds, *Pleasures of the Brain,* Oxford University Press, Oxford, 2009, p. 9 を見よ．

快楽とは上機嫌などであるという傾向性だという見解は Daniel Haybron, *The Pursuit of Unhappiness,* Oxford University Press, Oxford, 2008 を見よ．幸福についての異なった見方は Fred Feldman, *What is This Thing Called Happiness,* Oxford University Press, Oxford, 2012 を見よ．

第4章　反論

功利主義の批判的検討は，J. J. C. Smart and Bernard Williams, *Utilitarianism For and Against,* Cambridge University Press, Cambridge, 1973；Amartya Sen and Bernard Williams, eds, *Utilitarianism and Beyond,* Cambridge University Press, Cambridge, 1982；Samuel Scheffler, ed., *Consequentialism and its Critics,* Oxford University Press, Oxford, 1988；and Samuel Scheffler, *The Rejection of Consequentialism,* Clarendon Press, Oxford, 1994 を見よ．

功利主義はわれわれに不道徳に行為せよと言うのだろうか？

イヴァンの挑戦は，ドストエフスキー『カラマーゾフの兄弟』第2巻第5部第4章に見出される．保安官とリンチを求める暴徒の例は H. J. McCloskey, 'An Examination of Restricted Utilitarianism', *Philosophical Review,* 66(1957), pp. 466–85；repr. in Michael D. Bayles, ed., *Contemporary Utilitarianism,* Peter Smith, Gloucester, Mass., 1978 からとった．その例は p. 121 にある．アンスコムからの引用は 'Modern Moral Philosophy', *Philosophy,* 33(1958), p. 17 から．

効用の測定

エッジワースが彼の効用測定法を提案したのは *Mathematical Psychics: An Essay on the Application of Mathematics to the Moral Sciences,* C. Kegan Paul, London, 1881, appendix III, 'On Hedonimetry', pp. 98–102 においてである．

健康の利益の尺度として QALY を用いることについては Milton C. Weinstein, George Torrance, and Alistair McGuire, 'QALYs: The Basics', *Value in Health,* 12(2009), Supplement 1, pp. S5–S9 を見よ．またこのアプローチの倫理性のもっと詳しい議論は John McKie, Jeff Richardson, Peter Singer, and Helga Kuhse, *The Allocation of Health Care Resources: An Ethical Evaluation of the 'QALY' Approach,* Ashgate, Aldershot, 1998 を見よ．National Institute for Health and Care Excellence の仕事については〈http://www.nice.org.uk〉を見よ．

快楽と苦痛に関する脳科学の現状の概観は，Moren Kringelbach and Kent Berridge, 'The Neuroscience of Happiness and Pleasure', *Social Research,* 77 (2010), pp. 659–78 を見よ．

ベンサムは『諸原理序説』第4章第15段落の中で，厳密な測定を期待しないことについて書いている．

功利主義はあまりに多くを要求しすぎだろうか？

「われわれは何をなすべきか？」と「われわれは人々が何をなすことを賞賛・非難すべきか？」とは別々の問題だという洞察は，シジウィックの『諸方法』p. 493 から来る．ノークロスはスカラー功利主義を 'The Scalar Approach

to Utilitarianism', in H. West, ed., *Blackwell Guide to Mill's Utilitarianism,* Blackwell, Oxford, 2006, pp. 217–32 の中で提案した．道徳的要求についてもっと一般的には，de Lazari-Radek and Singer, *The Point of View of the Universe,* pp. 317–36 を見よ．

功利主義はわれわれの特別の義務を無視するのか？

ゴドウィンは自分自身の母親よりもフェヌロン大司教を救うことについて 1793 年初版の *An Enquiry Concerning Political Justice and its Influence on General Virtue and Happiness,* Knopf, New York, 1926, pp. 41–2 の中で書いた．彼は不偏的でない関係についてもっと同情的な見解を *Memoirs of the Author of a Vindication of the Rights of Woman,* ch. vi, p. 90, 2nd edn［『メアリ・ウルストンクラーフトの思い出』白井厚・白井堯子訳，未來社，1970 年］の中で述べた．これは William Godwin, *Thoughts Occasioned by the Perusal of Dr Parr's Spital Sermon,* Taylor and Wilks, London, 1801 ; repr. In J. Marken and B. Pollin, eds, *Uncollected Writings* (*1785–1822*) *by William Godwin,* Scholars' Facsimiles and Reprints, Gainesville, Fla., 1968, pp. 314–15 の中に引用されている．

パーフィットの「責められない不正行為」の議論は『理由と人格』第 1 章第 14 節の中にある．

ポール・ファーマーについてのわれわれの記述は Tracy Kidder, *Mountains Beyond Mountains,* Random House, New York, 2003 から．

「人格の別個性」の無視

この批判は通常ロールズの『正義論』第 5 節と結びつけられるが，ロールズはこの点を最初に述べたわけではない．その名誉は David Gauthier, *Practical Reasoning,* Clarendon Press, Oxford, 1963, pp. 123–7 に帰される．

人格の別個性の反論を，諸個人は単なる受容器にすぎないという観念への反論として解釈することは，Richard Yetter Chappell, 'Value Receptacles', *Noûs,* 49(2015), pp. 322–32 から来る．

誰かを手段として用いることに対するカントの反論の批判的検討としては Parfit, *On What Matters,* vol. 1, ch. 9 を見よ．パーフィットはその章の中で，誰かを手段として正当に用いるいくつかの例をあげている．われわれの例は p. 222 のパーフィットのいう〈第三の地震〉に一番近い．

効用の分配

優先説は通常 Parfit, *Equality or Priority?* (The Lindley Lecture, 1991), University of Kansas, Lawrence, Kan., 1991［パーフィット「平等か優先か」(堀田義太郎訳)広瀬巌編『平等主義基本論文集』勁草書房，2018 年］と結びつけられ

る．この短縮版は ‘Equality and Priority’ in *Ratio,* 10(1997), pp. 202–21 として発表された．他の議論には，Richard Arneson, ‘Luck Egalitarianism and Prioritarianism’, *Ethics,* 110(2000), pp. 339–49; Roger Crisp, ‘Equality, Priority and Compassion’, *Ethics,* 113(2003), pp. 745–63［クリスプ「平等・優先性・同情」(保田幸子訳)『平等主義基本論文集』]; Larry Temkin, ‘Equality, Priority or What?’, *Economics and Philosophy,* 19(2003), pp. 61–87; and Toby Ord, ‘A New Counterexample to Prioritarianism’, *Utilitas,* 27(2015), pp. 298–302 がある．

規範的な不確定性については William MacAskill, Krister Bykvist, and Toby Ord, *Moral Uncertainty,* Oxford University Press, Oxford(forthcoming)を見よ．

第 5 章　規則

功利主義の二つの形態

「圧倒的多数」の基準は Brad Hooker, *Ideal Code, Real World,* Clarendon Press, Oxford, 2000, p. 80 からとった．規則功利主義を擁護する初期の影響力ある論文は Richard Brandt, ‘Toward a Credible Form of Utilitarianism’, in H.-N. Castañeda and G. Nakhnikian, eds, *Morality and the Language of Conduct,* Wayne State University Press, Detroit, 1963, pp. 107–43 である．またミルは規則功利主義者だったという，J. O. Urmson の ‘The Interpretation of the Moral Philosophy of J. S. Mill’, *Philosophical Quarterly,* 3(1953), pp. 33–9 における議論も影響力があった．規則功利主義は「規則崇拝」だというスマートの反論は ‘Extreme and Restricted Utilitarianism’, *Philosophical Quarterly,* 6(1956), pp. 344–54, at pp. 348–9 の中にある．規則功利主義のある形態は行為功利主義に帰するという反論は，David Lyons, *Forms and Limits of Utilitarianism,* Oxford University Press, Oxford, 1965 から来る．

時限爆弾

フィクションにおける時限爆弾のシナリオは ‘Ticking time bomb scenario’, 〈https://en.wikipedia.org/wiki/Ticking_time_bomb_scenario〉を見よ．〈拷問等禁止条約〉は〈http://www.un.org/documents/ga/res/39/a39r046.htm〉で読める．

秘密にしておく

シジウィックは『諸方法』pp. 489–90 において密教的道徳をいやいや受け入れた．ウィリアムズはそれを *Ethics and the Limits of Philosophy,* Fontana, London, 1985［『生き方について哲学は何が言えるか』下川潔・森際康友訳，ちくま学芸文庫，2020 年]，p. 108 で批判した．

功利主義は自己抹消的か？

ある理論が自己抹消的か否かとそれが真理か否かとの間の区別は，パーフィットが『理由と人格』第1章第17節の中で行った．効用の原理は危険な原理だという主張に対するベンサムの返答は，『諸原理序説』第1章第13段落から来ている．Richard Yetter Chappell, 'What's wrong with self-effacing theories?', *Philosophy, et cetera,* 16 November 2008, 〈http://www.philosophyetc.net/2008/11/whats-wrong-with-self-effacing-theories.html〉もこの節に関係する．

第6章　功利主義の実践

功利主義を今日適用する

功利主義は大胆であることをやめたというハンプシャーの示唆はLeslie Stephen Lecture delivered at the University of Cambridge in 1972 and repr. in Stuart Hampshire, *Public and Private Morality,* Cambridge University Press, Cambridge, 1978でなされた．われわれはこの引用をRobert Goodin, *Utilitarianism as a Public Philosophy,* Cambridge University Press, Cambridge, 1995, p. 3に負う．

生命の終わりの決定

Carter v Canada事件におけるリン・スミス判事の最終的決定は〈https://bccla.org/wp-content/uploads/2012/06/Carter-v-Canada-AG-2012-BCSC-886.pdf〉に見出される．

Jocelyn Downieはカナダ最高裁判所の判決の簡単な説明を〈https://impactethics.ca/2015/02/11/in-a-nutshell-the-supreme-court-of-canada-decision-in-carter-v-canada-attorney-general/〉で与えている．

生命の終焉の決定への功利主義的アプローチについてはPeter Singer, *Rethinking Life and Death,* Oxford University Press, Oxford, 1995［『生と死の倫理』樫則章訳，昭和堂，1998年］を見よ．

倫理と動物

われわれと動物との関係の倫理への功利主義的アプローチで，工場制畜産と動物実験の記述を含むものとして，Peter Singer, *Animal Liberation,* Harper Perennial, New York, 2002(first published 1975)［『動物の解放　改訂版』戸田清訳，人文書院，2011年］を見よ．重要な問題は動物が苦しむことがあるか否かだと主張するベンサムの有名な脚注は，彼の『諸原理序説』第17章第1節にある．魚を含む動物が快楽や苦痛やその他たくさんのものを経験する能力についてはJonathan Balcombe, *Second Nature,* St Martin's Griffin, New York, 2011と同じ著者の*What a Fish Knows,* Scientific American/Farrar, Straus and

Giroux, New York, 2016 を見よ．Peter Godfrey-Smith, *Other Minds: The Octopus, the Sea, and the Deep Origins of Consciousness,* Farrar, Straus and Giroux, New York, 2016 は，無脊椎動物の知性と意識を示す証拠を論ずる．ミルは 'Whewell on Moral Philosophy', first published 1852, repr. in J. S. Mill, *Collected Works,* vol. 10, University of Toronto Press and Routledge & Kegan Paul, Toronto and London, 1985［「ヒューウェルの道徳哲学」ミル『功利主義論集』川名雄一郎・山本圭一郎訳，京都大学学術出版会，2010 年］の中で，功利主義が妥当か否かは動物の苦しみへの配慮という問題にかかっていると認めた．

ベンサムはすでに引用した『諸原理』第 17 章第 1 節で動物を殺すのを擁護した．この論争の現代における継続は Peter Singer and Jim Mason, *The Ethics of What We Eat,* Rodale, New York, 2006, pp. 249ff.; Peter Singer, *Practical Ethics,* ch. 5［『実践の倫理』］; Tatjana Višak, *Killing Happy Animals,* Palgrave Macmillan, London, 2013; and Tatjana Višak and Robert Garner, eds, *The Ethics of Killing Animals,* Oxford University Press, Oxford, 2016 を見よ．

効果的利他主義

ベンサムは公費による貧民救済を支持する議論を *Principles of the Civil Code* と *Writings on the Poor Laws* の中で行った．貧しい人々の必要性は豊かな人々の不要品への権利よりも重いという彼の最も明示的な言明は，*Principles of the Civil Code,* in John Bowring, ed., *The Works of Jeremy Bentham,* William Tait, Edinburgh, 1843, vol. 1, republished by Liberty Fund, 〈http://oll.libertyfund.org/titles/bentham-the-works-of-jeremy-bentham-vol-1〉; especially p. 314 の中にある．われわれはこの言及を Michael Quinn, 'Mill on Poverty, Population and Poor Relief: Out of Bentham by Malthus?', *Revue d'études benthamiennes,* 4(2008), available online: 〈https://etudes-benthamiennes.revues.org/185#ftn48〉に負う．

極端な貧困にある人々の数が減少していることについては World Bank, 'Poverty Overview', 〈http://www.worldbank.org/en/topic/poverty/overview〉を見よ．幼児死亡率については〈https://www.unicef.org/reports〉で入手できるユニセフの報告書を見よ．

Peter Singer の 'Famine, Affluence and Morality' は，他の関連するエッセイとともに *Famine, Affluence and Morality,* Oxford University Press, Oxford, 2016［『飢えと豊かさと道徳』児玉聡監訳，勁草書房，2018 年］で読める．グローバルな貧困について豊かな人々が負う責務についての一層詳しい功利主義的議論は，Peter Singer, *The Life You Can Save,* Random House, New York, 2009［『あなたが救える命』児玉聡・石川涼子訳，勁草書房，2014 年］を見よ．Nick Bostrom は生存のリスクの重要性を 'Existential Risk Prevention as Global

Priority', *Global Policy,* 4(2013), pp. 15–31 で論じている．

効率的利他主義についての重要な本は，Will MacAskill, *Doing Good Better,* Gotham, New York, 2015［マッカスキル『〈効果的な利他主義〉宣言！』千葉敏生訳，みすず書房，2018 年］; Peter Singer, *The Most Good You Can Do,* Yale University Press, New Haven, 2015［『あなたが世界のためにできるたったひとつのこと』関美和訳，NHK 出版，2015 年］; Ryan Carey, ed., *The Effective Altruism Handbook,* Centre for Effective Altruism, 2015, available from 〈http://www.careyryan.com/files/EA_Handbook.pdf〉だ．

効率的利他主義者の過半数は功利主義者だということを示す調査は次のもの． 'The 2015 Survey of Effective Altruists: Results and Analysis', posted by Chris Cundy for the Effective Altruism Forum's impact team, and available at 〈http://effective-altruism.com/ea/zw/the_2015_survey_of_effective_altruists_results/〉.

ニーズを求めている人々への別々のアプローチがもたらす価値が大幅に異なるということは，Toby Ord によって 'The moral imperative toward cost-effectiveness in global health', Center for Global Development, Washington, DC, 2013, available at 〈www.cgdev.org/publication/moral-imperative-toward-cost-effectiveness-global-health〉の中で概観されている．

人口のパズル

シジウィックは平均説と総計説との間の選択を『諸方法』pp. 414–16 で提起している．この問題について最も影響力がある議論はパーフィットの『理由と人格』第 4 部の中にある．最近の有用な議論は，Gustaf Arrhenius, Jesper Ryberg, and Torbjörn Tännsjö, 'The Repugnant Conclusion', in *The Stanford Encyclopedia of Philosophy,* available at 〈https://plato.stanford.edu/entries/repugnant-conclusion〉.

国民総幸福

〈世界幸福報告書〉は〈http://worldhappiness.report〉で読める．OECD の出した主観的ウェルビーイング測定のガイドラインは，*OECD Guidelines on Measuring Subjective Well-being,* OECD Publishing, 2013, 〈http://dx.doi.org/10.1787/9789264191655-en〉.